丛书编委会

主　任　刘　进
副主任　汪天飞　罗明礼
编　委　汪天飞　罗明礼　杨小丽　章含颖

主编 ◎ 杨小丽 罗明礼

逐梦前行：
我的教育实习故事
（第一辑）

四川大学出版社
SICHUAN UNIVERSITY PRESS

图书在版编目（CIP）数据

逐梦前行：我的教育实习故事. 第一辑 / 杨小丽，罗明礼主编. -- 成都：四川大学出版社，2025.5.
ISBN 978-7-5690-7502-1

Ⅰ．G632.0-53

中国国家版本馆CIP数据核字第2025KM0530号

书　　名：	逐梦前行：我的教育实习故事（第一辑）
	Zhumeng Qianxing: Wo de Jiaoyu Shixi Gushi (Di-yi Ji)
主　　编：	杨小丽　罗明礼
选题策划：	李　梅　梁　平　叶晗雨
责任编辑：	孙滨蓉
特约编辑：	叶晗雨
责任校对：	方蕊娟
装帧设计：	裴菊红
责任印制：	李金兰
出版发行：	四川大学出版社有限责任公司
地　　址：	成都市一环路南一段24号（610065）
电　　话：	（028）85408311（发行部）、85400276（总编室）
电子邮箱：	scupress@vip.163.com
网　　址：	https://press.scu.edu.cn
印前制作：	四川胜翔数码印务设计有限公司
印刷装订：	成都金龙印务有限责任公司
成品尺寸：	170mm×240mm
印　　张：	8.75
字　　数：	163千字
版　　次：	2025年5月 第1版
印　　次：	2025年5月 第1次印刷
定　　价：	68.00元

扫码获取数字资源

四川大学出版社
微信公众号

本社图书如有印装质量问题，请联系发行部调换

版权所有 ◆ 侵权必究

- 四川省教育科学规划课题"高师院校与基础教育教师教学学术共同体建设"(SCJG22A020)阶段性成果
- 乐山师范学院教学团队建设项目"基础教育学科教学研究团队"(JXTD—2023—11)阶段性成果

编委会

策 划　刘　进
主 编　杨小丽　罗明礼
编 委　汪天飞　罗明礼　杨小丽　章含颖

序　言

　　乡村教育振兴的关键和落脚点在提高乡村、边远地区和民族地区的教育质量。作为一所地方师范类院校，我们积极主动加入振兴乡村教育的国家战略之中，培养"下得去""留得住""教得好"的优秀教师，着力解决乡村教育培优提质的问题，切实推进教育部颁布的《基础教育课程教学改革深化行动方案》，为促进教育公平、教育均衡，建设教育强国，贡献高师院校、师范生的应有之力，为基础教育打造一支卓越教师队伍，让更多乡村学生享受到优质的教育资源。

　　乐山师范学院始终坚守"扎根基层、服务乡邦"的教育情怀，面向农村基础教育探索出"主辅修制、一专多能"教学方式，破解了20世纪80年代农村学校教师结构性难题，荣获国家级教学成果特等奖；创新"校县结合、双向育人"办学模式，建立全国师范专业教育发展新范式，荣获国家级教学成果一等奖；立足于培养跨世纪新型师资的"培养方案整体改革""教育信息化建设"，再次抢占师范专业院校发展的新高地，推动当代师范教育的本土化实践，获得国家级教学成果二等奖。

　　在近50年的高等教育办学历程中，乐山师范学院秉承"学高为师、身正为范"的教师教育优良传统，形成了文化育人的办学特色。学校弘扬"敢为人先，臻于至善"的精神和"弘毅自强，笃学践行"的校训品格；坚持"师范"底色，树立"师范"品牌，构建起覆盖基础教育全学科全学段的师资培养培训体系，形成特殊教育优势突出的教师教育特色；坚持面向基层育人，形成扎根基层、服务乡邦、一专多能的人才培养特色，成为川西南高素质师范类人才培养的重镇。

　　作为一所地方性、师范性、应用型高等院校，乐山师范学院肩负着面向基础教育培养优秀教师的神圣使命。学校以师范教育为本体，培养的毕业生活跃在各行各业，特别是基础教育一线，涌现了一大批名师专家，其中有国家级教学名师、全国优秀辅导员、"马云乡村教师奖"获得者、中小学优秀校长和特级教师等。在某种程度上，师范生的培养质量直接影响着基础教育的发展方向和中小学生的成长与发展。作为教师教育的管理者、研究者，我们既要研究基础教育、高等教育，还要研究师范教育、教师教育，更要研究我们自己的学生、未来的教师。

我们一直在思考，我校培养出来的师范生，应该具有或者说应该独具何种特质，我们该如何去培养这种特质。我们更加期待，我校培养的一届又一届学子在走上工作岗位后，能够不断地模塑和固化这种特质。我们坚信，我校培养的学子们能够潜移默化地影响和感召未来他们所教导的学生，为他们所教导的学生树立榜样。为此，我们将师范生教育实习中的感人事迹、教育故事集辑出版，引领和激励他们践行教育家精神，殷切希望他们能够走近教育家、成为教育家。

我们在过去的二十多年中，构建了由驻点带队教师、学科教学巡视导师、教学管理部门教师、校院领导组成的"四级"巡导制度，定期举办校院两级"基础教育论坛"，听取基础教育学校对师范教育改革与创新的意见和建议，不断提高师范类人才培养质量。

本书反映了我校师范生教育实习中的学习生活与情感体验，展示了带队教师、指导教师和实习学生教育实习中的精神面貌，展现了师生开展教育调查、精进教学技能、进行教育反思、挖掘教育故事、提升教育情怀的典型事迹。

本书选题聚焦国家基础教育新课程、教育教学改革新理念，所选案例、心得体会、教学改革、班级管理等体现了新课改的前沿动向，具有极强的可读性。

本书附有实习基地学校指导教师和高师院校带队教师的寄语，对高等师范院校的师范生、实习生及教师教育研究生具有很强的指导作用与借鉴意义。

由于编者水平有限，本书难免存在一些不足，恳请广大读者提出宝贵意见，以便今后进一步完善和修正。

编　者

2024 年 6 月

目　录

第一章　匠心为师

在春天，遇见沙沱 …………………… ◎文学与新闻学院　黄淑珍（ 3 ）
初为人师，笃志前行 …………………… ◎数理学院　付欣悦（ 8 ）
学无止境，方能成为更好的教师 ………… ◎教育科学学院　安秋燕（15）

第二章　三尺讲台

三尺讲台梦 ……………………………… ◎文学与新闻学院　张恩萍（27）
三尺讲台，梦在心中 …………………… ◎外国语学院　胡嘉敏（35）
师生之情，讲台之梦 …………………… ◎教育科学学院　张银银（40）

第三章　精磨教技

逆光不止，向阳而生 …………………… ◎数理学院　肖　莉（51）
教学同行，蜗行不止 …………………… ◎特殊教育学院　杨　梦（59）
知教技，懂育方，而成良师 …………… ◎外国语学院　曹慧洁（66）
向下扎根，让梦想绽放光芒 …………… ◎外国语学院　曾　引（75）

第四章 深耕静耘

潜心耕耘花自开 …………………………… ◎体育学院　周琦淞（87）

以爱耕耘，静待花开 ………………………… ◎教育科学学院　李　丽（96）

以爱之名，浇灌心灵之花 …………………… ◎教育科学学院　余玲玲（107）

用满腔热情，耕耘半亩方塘 ………………… ◎文学与新闻学院　颜邦迪（116）

后　记………………………………………………………………（127）

第一章
匠心为师
JIANGXIN WEISHI

第一章 匠心为师

在春天，遇见沙沱

◎文学与新闻学院　黄淑珍

春去夏来，我即将和为期一学期的支教生活告别，心中有太多复杂的情绪：不舍、遗憾、感恩、希望……望着孩子们天真的脸庞，离别的话语怎么也说不出口。四个月的时间不长不短，却足以让一群学生和"菜鸟"老师建立起稳固的联系。我们从陌生、羞涩变为熟悉、信赖，共同进步，共同成长。这段时光终将成为我真正走上讲台前的珍贵记忆。

我顶岗支教的学校是凉山州雷波县西宁镇沙沱小学，它座落于一个依山傍水的好地方——青衣江内。

五月份的沙沱，天气阴晴不定，但总体上是愈来愈热，和三月份初来之际相比，多了几分生机，比如绿得像刷了油漆的树叶、每到傍晚便奏响曲目的青蛙。

最近比较忙，因为各种杂事，需要在大学和支教学校之间往返。而留在支教学校的课余时间，我一般会记录自己的所闻所感，记录我与沙沱的一点一滴。

初遇沙沱

第一次坐大巴来这里时，车缓慢地往上爬，海拔越来越高，空气逐渐变得稀薄而清凉。猛吸一口气，鼻子里会感到一股冷意。

沙沱小学四面环山，不远处是水电站和大大小小的河流，可称得上背山面水的好地方。坐在教室里，如果感觉疲惫了，看向窗外，一片绿就映入眼帘，疲惫瞬间跑掉一大半。

刚来凉山州还是三月，春还未苏醒，时间一点点推进到五月，一切都变得生机盎然，漫山遍野的枇杷树和杜鹃花铺成一片片五彩的地毯。我总能在学生的书里找到半干的杜鹃花做成的书签。

因为沙陀依山傍水，所以会有野生动物出没，蚊虫也较多，常听沙陀小学的学生讲，他们的寝室有蝙蝠。每逢下雨就会有无数只个头巨大、五彩斑斓的飞蛾窜进我的房间。为了除虫，我各种办法都试过，蚊香盘、蚊香液、防虫喷雾、花露水、蚊帐，但都收效甚微。飞蛾还是照样飞舞，哪里都是它们的身影，床上、凳子上、水杯里、盆子里，甚至碗里……

后来，我开始学着和它们共处。渐渐地，我能够在飞蛾扑腾的房间静静地看书。如果自己努力过还不能改变环境，那就改变心态适应当下的环境，这是我领悟的道理。

上课初体验

相比于初来凉山时的羞涩，现在的我已经能镇定自若地走进教室，开口说"上课"二字，带领孩子们走进音乐的海洋了。

来到沙陀的第二天就要上音乐课，孩子们见到新老师兴奋极了，叽叽喳喳闹个不停，尽管我已经使出吃奶的劲，声音还是不够大，于是，我连夜在淘宝网上下单一款玫瑰金色的教师扩音器（后称"小蜜蜂"），心想手拿"小蜜蜂"，谁都不怕。现在回忆起，仍旧会感叹当初买"小蜜蜂"的选择是多么正确！

还记得第一次给学生们上课的情景。那天是三月七日星期二，沙陀小学来了新支教老师的消息已经传得沸沸扬扬，学生早已对新老师浮想联翩。

按捺住紧张而激动的心情，我踩着上课铃朝二楼最右边的三年级方向走去，至于我为何第一天便知道教室的具体位置，那是因为我在前天晚上找到一位学生，把各个班的位置都打听得清清楚楚。

随着上课铃最后一个音符的结束，我在教室外顿顿脚，深呼吸，换上一副冷静而睿智的神情。"万万不可显现出自己的紧张，"这是来沙陀的第一天校长告诉我们的，"对待学生要严格，否则，你会失去主导权。"我沉稳而缓慢地踏进了教室，先环视一圈学生，再稳稳当当地插U盘，拷课件。第一堂课就这么开始，并不要求教给学生什么，最主要的是搭建好和学生沟通的第一座桥梁，了解学生，也让学生了解自己，培养学生的信任感。

一堂课下来，自我感觉不错，精美的图文搭配有趣的语言，学生们很活泼也很积极。但是反思我的课堂，自己好像还是未能塑造一个不苟言笑、学识渊博的教师形象。整堂课中，我更多的是以朋友的身份和学生一起分享快乐。但没想到，自己普通的一堂课，却会成为孩子们口中的称赞、眼里的光芒。

"菜鸟"教师的改变

支教时光过得飞快，我从最初的不适应、羞涩逐渐变得适应、大方。短暂的支教生活或将成为我生命中极有意义的一件事，多年以后回想起来，是否会被当初自己的一腔热血感动？如果非要从这其中挑出件印象最深的事，我想，当然得是全权负责三年级六一儿童节节目的编排。

起初我认为这事不难，认为只要找好歌曲和舞蹈，让学生多练就行了。直到我真正上手，才发现这事并没我想象的那么轻松。

困难从选择舞蹈开始。我先在网上筛选出几支我认为合适的舞蹈，第二天自信地给学生展示，由他们挑选。出乎意料的是，孩子们都不满意。我只好现场在某网站上搜索舞蹈，让他们自己选择。

这之前，我曾认为三年级让人省心，没想到在选舞蹈这件事上，他们极其不团结，而且都不愿意为了集体做牺牲。

历经一周时间，选舞蹈一事终于落下帷幕，我满心欢喜以为之后都是一帆风顺，可现实还是给了我当头一棒。

选定舞蹈的第二天，教师公寓门外响起一阵阵急促的敲门声，根据声音推测出是三年级的几个女生。我镇定地开门问道："有什么事吗？"其中一个女生慢吞吞告诉我，她们不喜欢昨天选的舞蹈，想要重新选。我压住怒气告诉她们，昨天选的舞蹈是经过全班同意的，若要换舞蹈需征求全班同学的意见。

这几个女生听了我的回答后都垂头丧气，估计来之前，想着以我的好脾气肯定会一口答应，没想却吃了闭门羹，便灰溜溜走了。这件事的后续是，我又抽出几节课的时间让他们选舞蹈，最后他们才终于满意。

六一儿童节那天表演的效果很好，好事多磨，努力不会白费。

从遗憾到释怀

其实来沙沱小学顶岗支教，我内心有一些遗憾。因为我作为语文专业的师范生，每天却教学生唱歌、带领学生做热身运动、教学生折纸等。这种生活似乎很轻松，但却也让我感到迷茫，我的支教有意义吗？

面对这个问题，我最初的答案是否定的。但是后来，当我和孩子们一起排练节目，一起打扫卫生，一起课后闲谈，我发现支教这件事本身就存在不可替代的意义。我选择支教，就是选择以十分热情而不求回报地参与孩子们的生活，尽可能地开阔他们的视野。从他们身上，我也学到了勤劳、善良、真诚和感恩的品质。也许这就是支教的意义。

有时上完课，我会待在房间里反思，并意识到自身存在的一些缺点。课下和学生交流，他们也曾委婉地告诉过我语速过快、讲解不细等问题。听到学生的反馈后，我明白我下意识地把压力带给了他们。逐渐地，我学会了静下来思考，放慢生活脚步，不过于追求浮在表面的名利，用心对待世间一切，体味平淡的价值。

教与学的共同成长

支教几个月，我和学生都在成长。我教会了一年级唱队歌，二年级折纸，三年级画小动物……同时，他们也教会了我善良、真诚、敬业等。

我从最初的害怕站上讲台说话，到能够独立完成教学。尽管我还不完美，但我已经具备挑战困难的勇气。

这次支教带给了我新的体验与感悟。在这之前，我从选择师范院校，到成为老师，更多的是别人对我的期望，不是我自己的。这次经历后，我真正体验到了教书育人的意义，第一次真正地想永远站在讲台上。现在的我理解到，教师，并不仅仅是给学生传授基础知识和基本技能，而是教会学生如何做一个真正的人。而我需要做的，是给予学生更多心灵上的启发和生活上的帮助，教会他们始终保持对生活的美好希望。

初春，我和沙沱相遇；盛夏，我即将离去。这场从春走到夏的旅途到此结束，感谢缘分让我和沙沱相遇，在我的生命中留下印记。希望多年以后，回想起这段记忆，内心仍是温暖而感动的。

指导教师寄语：文字朴实无华，反映出作者的真诚与用心。从初遇沙沱到最后教与学的共同成长，这个转变实属难得。

要想看到花儿开放的盛况，闻到花儿馥郁的香气，就需要教师带着爱心来培育这一粒粒花种。沐浴着爱的阳光，想必学生的内心也是柔软向上的，自

然，教师也会收获不一样的春华秋实。用心浇灌，静待花开！（雷波县西宁镇沙沱小学　薛梅）

带队教师寄语：首先，我要向你表示最诚挚的祝贺和感谢。你选择来到凉山彝族自治州雷波县西宁镇沙沱小学当一名支教教师，为当地的孩子们带去知识和关爱，展现了你的勇气和责任心。你的付出将会对孩子们的未来产生深远的影响，这段经历也会让他们一生难以忘怀。

支教过程中你面临了许多挑战和困难。语言、民族文化、环境等方面的差异可能会让你感到不适应，但这些都是成长的机会。通过与当地孩子们的交流和互动，你能够更好地理解他们的需求和心声，也能够更好地适应当地的生活。

在顶岗支教的过程中，你做到了尊重当地的文化和习俗，尊重孩子们的个性和特点，尊重他们的家庭和背景。只有真正地尊重，你才能够建立起与孩子们之间的信任和友谊，才能够更好地帮助他们成长。

同时，你能够保持一颗坚定的心。顶岗支教的道路并不容易，但你坚持下来了，付出一定会得到回报。无论是在教学上还是在生活中，都要相信自己的能力和价值，相信你所做的一切都是有意义的。

最后，我希望你能够珍惜这段宝贵的经历。这是一个让你成长、学习和改变的机会，也是一个让你感受到爱与被爱的机会。无论遇到什么困难和挑战，都要坚持下去，因为你的付出将会改变孩子们的命运，也将会改变你自己的人生。（乐山师范学院音乐学院　罗智勇）

初为人师，笃志前行

◎数理学院　付欣悦

在告别中学校园四年后，我以实习老师的新身份再次进入了中学校园。"师者，所以传道授业解惑也。"[1] 新的身份赋予我新的使命。三尺讲台上的我们，意气风发，教书育人；三尺讲台下的我们，温文儒雅，为人师表。在今后的道路上，我将不忘初心，砥砺前行。

"没有一朵花，从一开始就是花。"[2] 同样地，对于我来说，教师这条职业道路不是我中学时期的目标。在中学时期，我向往北京、上海这样的大都市，希望能够在那些快节奏的城市中做一个雷厉风行的女强人，能够在那里闯出一片属于自己的天地。但阴差阳错下，我选择了家人都认可的教师这条道路。人生的路线难以预测，不可能每一步都在计划之内，不管是哪个方向，只要走稳走好，一直前进，都会收获丰硕的果实。新的身份赋予我新的责任与使命，不管"桃李"能栽多少亩，在教育的爱与被爱的修行中，愿我能成为孩子们攀登的人梯。

"李老师您好，我是新来的实习生"

身份转变，满怀期待。

在学校进行了三年的专业学习后，大四就要进入中学去"实战"了。对于我来说，很兴奋很激动，也有些小紧张。2022 年 10 月 25 日，选择实习基地时，我想着能够离大学近一点，自己生活也方便，就选择了到乐山市第五中学

---

[1] 韩愈：《韩昌黎文集校注（上）》，马其昶校注，马茂元整理，上海古籍出版社，2018 年，第 50 页。

[2] 圣－埃克苏佩里：《小王子》，李继宏译，天津人民出版社，2014 年，第 77 页。

（简称乐山五中）实习。在前一天接到带队老师的通知以后，我早早地就起床收拾，虽然天空阴沉沉的，还飘着小雨，但也妨碍不了我明媚的好心情。

到乐山五中实习的同学有 50 来个，大家在五中门口排着队，像小学生一样叽叽喳喳地讨论着对这所学校的初印象。初见五中，只觉得这个校门好小，藏在一条巷子里，门口是茂密的大树，好像一点阳光都照不进来。五中就是这个样子吗？学校里面又是什么样子呢？我们在门口经过一系列观察后，走过五中的前操场，在五中学生们的注视下进入了教学楼。一行人陆陆续续地走进会议室，找到空位坐下，看着会议室的大屏幕显示着欢迎我们去五中实习的字样，心里不由得开始想象后续的实习生活。会议中学校老师逐一对我们的实习工作进行发言，之后，就让我们去器材室领板凳，并找到自己的指导老师。

我提着板凳走到指导老师的办公室门口，敲了敲办公室的门问道："老师您好，请问李老师在吗？""你好，我就是，你有什么事吗？"一位老师答道。我一阵欣喜，想着这位老师看着好和蔼，对自己即将拥有美好的实习生活更加自信了。想着要给李老师一个好印象，我迎上笑脸道："李老师您好，我是新来的实习生，接下来的这段时间还请老师多加指教。"李老师笑着应道："好的好的，我们互相学习。"

李老师先向我介绍了实习班级的情况，包括大部分学生的家庭情况和成绩情况，以及个别问题学生。之后，我主动向李老师询问有没有我能够做的教学工作，例如批改作业。他说暂时没有任务安排，让我今天可以先回去了。为了表明我想要通过实习锻炼的想法，我向李老师说道："李老师，您的教学经验丰富，希望在后续能够从您身上学到更多的教育教学本领，这段时间就辛苦老师了。"

与李老师告别之后，我一路蹦蹦跳跳地出了五中的校门，路上还遇到了其他的实习同学，我跟他们分享今天有多么顺利。实习的第一天就这样愉快地结束了，我开始期待第二天的实习生活。

"来，先跟付老师问好"

实习是以学生和老师的双重视角，观察中学课堂，思考教育问题的过程。

第一天只是和李老师打了个照面，还没有跟学生见过。当我第二天去五中的时候，学生们就没有像第一天一样对实习老师那么关注了，而是按部就班地各自认真学习。我来到办公室后，跟李老师打了个招呼，就帮忙改两个班的物理练习册。我正想着教室和办公室挨得那么近，免不了要和学生们碰面，结果想什么来什么，办公室突然进来了一个女同学，火急火燎地往我这边的办公桌冲，应该是来找李老师的。我正纳闷发生了什么事，李老师马上叫住那位女同学："其他事等会说。来，先跟付老师问好。"那位女同学小声而又快速地叫了声"老师好"，便做自己的事了，我站起来回答道："你好，你好。"

一时间，突然有了新的身份，我还有一点不适应。以前还是坐在讲台下听课的学生，现在突然被称作老师，虽然我还没有完全地做好准备去面对这两种截然不同的身份转换，但一种责任感油然而生。

11 班人这么少？

教育道路上不是一帆风顺的，十几岁的青少年总会犯些错误，给老师的教育工作设立关卡。

刚开始实习时，我一直在办公室批改作业，或者登记学生的成绩，后来有一天，李老师让我到 11 班跟同学们打个招呼。我戴着实习工牌，穿过满是学生的走廊，来到了走廊末端的 11 班，在学生的注视下走进了教室。我面带微笑地环顾着班级，听着李老师对我的介绍："付老师是我们班的实习物理老师，也是班主任老师，在这期间执行班级的一切决议，所有同学必须尊重付老师，要懂得感恩。"我感激地看着李老师，在他鼓励的目光下，走上讲台进行自我介绍。我清了清嗓子道："大家好，我是 11 班的实习物理老师，同时也是实习班主任，同学们有任何学习、生活、心理上的问题都可以来办公室找我，我很乐意给大家提供帮助。在未来的这段时间里，希望我们共同进步，一起成长！"话毕，我深深地鞠了一躬，随之学生的掌声响了起来，这算是与班级的学生正式见面了。我以为这个好的开始就代表着我后续的工作顺顺利利，但后面几天发生的一件事给了我沉重的一击。

那天，李老师让我第二节课下课去守一下学生做课间操。我到了教室门外，等待下课铃响，打算组织学生排队下楼做课间操。铃响后，学生陆陆续续、懒懒散散地从教室出来。我催促道："赶快排队下楼做课间操了！"效果并不大，可以说根本没有人听我讲话。甚至还有几个学生直接在课桌上埋着头睡觉，还有学生找借口说自己脚痛去不了操场，其实就是想在教室里休息。到了操场，其他班级都排好队等待做操。当我转头看我们班，整个操场，就我们班人最少，人数和其他班差着一大截，还站得歪七扭八的。做操的时候，有些学生动都不动，手就缩在袖子里。路过的每一个老师都在说这个班怎么人这么少。虽然我只是实习老师，但我既然当了 11 班的实习班主任，就要对他们负责任。也是这件事让我意识到，班主任工作不是那么轻松的。

申请一节习题课

提前演习，只为做好充足准备，展现精彩的课堂。

学校的实习任务要求我们要录制自己上课的视频，由于我以前只是模拟讲课，没有面对学生，因此担心直接录课效果会不好，就想先上一节习题课锻炼一下，也提前适应上课的氛围，给后面的授课做准备。于是我向李老师申请用一节课评讲一下作业，李老师大力支持，选择了一份近期的作业让我做准备。我先自己花时间做了一下，自己做着容易，但难的是要让学生听懂。我分析每一道题对应的知识点，标注哪些是重点、哪些是难点，学生容易在哪些地方出错。我对某些知识有疑问，也及时向李老师请教，与李老师讨论了某些题更好的解决办法，和对应的延伸知识。

在办公室把知识性问题解决好后，我便回到了自己的寝室，开始练习怎样讲出来。我关上寝室门，大声地念着每一道题，分析着每一个选项、每一个填空，在纸上写写画画，提前预设好学生的问题和组织教学过程中适宜的语言。一张小小的试卷，我练习评讲了两三遍，做了充足的准备。

到了第二天，我踏进了五中，在进教室前给自己鼓起一百分的勇气。进了教室过后，李老师要求学生快速安静地将试卷拿出来。看着李老师坐在教室后，我信心更足了，充满自信地喊了一声"上课"。值日生立刻就带头起立问好，这堂课算是有了一个好的开始，让我吃了一颗定心丸。在讲题的过程中，我注意到了每一个学生的反馈，但刚开始的几道题，学生并没有太大的反应，不过这也没有打击到我。该上的课、该讲的题不会因此停止。还好，在中途陆陆续续有人开始和我互动了。整体来讲这次评讲还算顺利。这节课结束后，李老师说我每个环节都很清晰，重点也处理得很好。这也让我对后续的教学工作更加有自信。

从五中出来，我的心情如同阳光般明媚，去公交站的路上都是蹦蹦跳跳的。路过一家面馆，外面趴着一只小白猫，懒洋洋地甩着尾巴晒太阳，我盯着它，就像看着一个小天使一样，感觉它越发可爱。

今天上"透镜"

新老师的第一堂正式课，应提前做好准备，积极进行心理暗示，克服紧张与恐惧的心理，突破教学这条漫长道路上的第一道关卡。

由于时间紧张，在上次评讲试卷一周后，我再次向李老师申请上一节新课，顺便录制教学视频，完成学校任务。李老师让我完成第五章第一节"透镜"的教学。这对于只上过一节习题课的我来说是一个巨大的考验。我事先去网上观看了相关的实验视频，然后去器材室看了看实验器具是否完备。

我把那一节课的所有知识点前前后后看了好多遍，记住它们的顺序，以及它们在书上的具体位置。并让室友充当我的学生，配合我练习。因为想着一节课就45分钟，所以总是不自觉地越说越快，练习了好几次，都因语速太快而说错。后面，我拿着小黑板模拟写板书，尽可能地还原课堂的真实情境，才逐渐对教学的时间有准确的把控。那天，我凌晨三点才睡，六点就起床了，也不知道是不是因为紧张，脑子一直都很清醒，一直一遍又一遍地疏理教学流程，生怕哪里出问题。

为了赶早上的第一节课，我七点半便到了学校，一路上腿都是软的，手指尖都紧张得发酸，要不是极力用手攥紧那一篮实验器材，它们准被我掉在地上摔坏了。

还好，在我踏上讲台的那一刻，我的腿就注入了力量，一下就站得稳了。我觉得这是我当教师的第一堂新课，既然我选择了教师这条道路，那么这堂课我无论如何都要上的。"克服恐惧的办法就是面对恐惧，既然逃脱不了，我倒不如好好地上下去，只要知识准确，那就不会有大问题。"我就抱着这样的心态，完成了这次教学，并且反响很不错，老师们的评价都很好，学生也掌握得不错。事后，李老师夸我上课不错，每一个环节都很到位，还让我以后每一周都上两次新课。我当时真是高兴得要飞到天上去了，走在教室到办公室的那条走廊上都感觉自己轻飘飘的，像一个快活神仙。

11班的主题班会

后面的每一周我都上了两次新课，在每一次课后，我都感觉自己又进步了一点。上台越来越稳,越来越不紧张。每周五有一节课是班级的班会,我们实习生也要组织学生开展一次班会。有几个实习老师已经开了班会,我咨询了一下他们的做法。他们都给学生准备了小零食,然后选了一个主题开展班会。我想给学生准备一点小礼物,因为离我们离开五中的日子越来越近了,这些礼物可以给他们留作纪念,也可以鼓励他们认真学习。于是我在网上给男生和女生分别选了不同的礼物,以表达我小小的心意。关于班会的主题,由于临近期末考试,所以我想针对期末考试开个动员大会,也顺便教给他们一些复习的方法。

在班会刚开始时,我先点评了一下大家的学习情况,希望学习好的学生继续保持良好的学习习惯以争取更加优异的成绩,也希望暂时落后的学生不要放弃,要对学习保持积极的态度,要重视学习。同时也提了三点要求,一是各科齐头并进,二是注重学习效率,三是同学之间互帮互助,每一点我都进行了详细的展开。

经过这段时间与学生的相处,我关注到11班有很多学生认为自己之前都没有认真,现在学习也来不及了,选择放弃学习,每天浑浑噩噩地过日子。我就给他们举了我自身的例子,我自己也不算聪明的人,学习时也很吃力,但是我没有放弃对任何一科的学习。别人能够搞懂一百个知识,那我就搞懂五十个,那我和别人的差距也只差五十个,但是如果我放弃学习,那我和别人岂不是相差了一百个知识。到了考场上,万一考的就是我学的那五十个呢?我还分享了一则小故事,希望学生能从中学到一些道理。无一例外,所有学生都知道故事讲的是要坚持和注重平时积累。我也告诫学生,不能放弃任何一科的学习,任何事情只要坚持,时间就会给我们答案。学习这件事情,坚持一天两天没有什么变化,但当你坚持一个月、几个月、一年、几年的时候,再和自己第一天比较,就会发现,自己提升了太多。

就像我进入五中实习这两个月以来,也有明显的进步。从刚开始紧张得手酸脚软,到可以从容地在讲台上选一个话题跟学生讲些道理,这些变化都是一天天积累的。"种树最佳时机是二十年前,其次就是现在。"[1] 即刻行动是成功的必然法则。

这次班会不仅是为了完成我的实习任务,而且是让大家重视学习,明确自己的身份。

---

[1] 莫约:《援助的死亡》,王涛、杨慧译,世界知识出版社,2010年,第113页。

指导教师寄语：笃志前行，虽远必达；日拱一卒，功不唐捐。你的每一次认真对待，老师都看在眼里，愿你继续保持勤奋和热爱，让心中梦想开花结果。（乐山市第五中学　李光伦）

带队教师寄语：上帝只掌握了我们的一半。我们越努力，在我们手里的那一半就越大。（乐山师范学院外国语学院　谭小平）

学无止境，方能成为更好的教师

◎教育科学学院　安秋燕

在为期三个多月的实习中，我真正了解了现在的小学教育情况、实际教学的方式方法、班级管理的一些举措等。从有些恐惧小学课堂、不敢站上讲台面对学生，到如今能坚定地站在讲台上进行授课，这一段时间的实习经历对我来说是意义非凡的。这段实习经历给了我很多启示，也将激励着我不断努力前进。

初入小学，感受教育氛围

2022年9月13日，我怀着欣喜与忐忑的心情来到乐山市通江小学实习。这是一所现代化、高质量、有特色的学校。学校占地三十多亩，分为低年级部与高年级部，低年级部位于一个"U"形教学区，高年级部位于一个"L"形教学楼，其间有两个操场，低年级部与高年级部被两个操场隔开。整个校园古色古香，四周环绕着各种树木，透露出自然与人文交织的馥郁气息。在这里我进行了为期三个多月的教育实习，收获颇多，感触也颇多，在此写下一二。

好的文化建设更有利于培养学生爱好学习的心。走进学校，顺着楼梯往上走，整个学校的楼道走廊里、墙面上全是学生的各种作品，有的是用纽扣做的画，有的是用剪纸做的画，有的是生活类的，有的是科技类的，有的画的是各种奇怪的动物，有的是天马行空的抽象画……低年级每间教室的外墙上，都是体现该班级特色的班级作品。上到二楼，还有一间非常唯美的、开放式的心理辅导室，里面有淡蓝色的墙壁、软软的沙发、柔和的灯光，能让学生放松下来，与人交谈。而在高年级部，还有专门的音乐室、书法室、计算机室等，这些都便于教师的教学。最令人震撼的是高年级部的一间刺绣室，里面用线条进行勾勒装饰，有用线织成的布娃娃、挂坠、人物肖像……其精美程度完全胜过网上卖的。后来我才了解到，现在的小学基本都在大力发展课后社团活动，以促进学生兴趣的发展、才能的培养，同时，学校里还会开展各种社团活动，由老师带领学生进行创作、参加比赛，这大大地激发了学生的创造积极性。总的来说，学校将正式课、社团、阳光大课间等相互交杂，促进了学生德、智、体、美、劳全面发展。在这种模式下学习的学生，在学习之余还能发展自己的兴趣，锻炼自己的能力，不至于一整天都做同一类型的事，在劳逸结合的同时，也能大幅度提高效率。

实地听课，感悟教学特点和方法

首先，小学科学老师的教学有其特色。第一天来到校园，老师就带着我们去听了一节课，是六年级的吉布老师讲授的"生物的变异"。通过这一节课，我们初次认识到了小学科学的实际教学情况，它不像数学是简单到复杂、逐渐递进的模式，也不像语文，是围绕一整篇文章来进行，它的内容是很零散的，需要很多的导入和过渡环节，要不断地从现实世界中的实际现象归纳出科学概念，同时突出重点、详略得当地进行讲解。吉布老师为人亲切，很受学生的喜爱，在吉布老师的课堂上，学生们都十分积极活跃，而且吉布老师很注重教学环节和重点的设计，重点突出，详略得当，教学节奏紧凑。这一次听课让我直面实际课堂，认识到了实际教学时的情况，打破了我对于未知的小学教学的恐惧，也启示了我在教学中也要注重教学环节的设计，保证重点突出，详略得当，同时要把控好课堂节奏，以确保很好地完成教学任务。

其次，不同年级、不同老师有不同的教学特色。第二天老师又带我们听了三节课，第一节是周老师讲授的二年级的"四季的天气"，第二节是小学四年级的"鸟类"，第三节是毛老师讲授的六年级的"生物的变异"，让我认识到了不同的年级、不同的教师具有不同的教学特色。小学二年级的学生十分的活跃，他们在小学科学的课堂上总是十分兴奋，面对老师的提问也总是积极举手回答，乐于将自己天马行空的想法分享给大家，无论他们的回答是否符合题意、是否正确，他们总是能保持高度的积极性。老师可以多给他们肯定，这既保护了学生的创造性，又能促进他们兴趣的发展。小学四年级的学生同样十分热情，总是乐于同老师交流，面对新的老师也不会怯场，总想积极地表达自己，希望能得到老师的赞扬。但相应地，随着学生年龄的增加，他们对老师这一角色的认知发生改变，他们在课堂上的表现也会有所不同。

周老师在教学时更注重学生的体验、感悟，在她的课堂上，她总是用实物促进学生在做中学，做中感悟。而每当接触到实物时，学生们总是很兴奋、喧闹，对于非班主任的学科老师来说，在课堂上管理好纪律也是一大难题。通过和周老师交流请教，我认为可以从三点加强对学生纪律的管理：第一，当学生十分喧闹时，可以停止讲课，用眼神扫视那些喧闹的学生，让学生自己意识到该停止喧闹了；第二，学生对于各种实验和活动是十分热情的，所以要利用好学生迫切地想进行实验和活动的心理来管控纪律；第三，组织活动或实验时，注意给每个小组的学生都分配好任务，只有每个学生都有事情可做，他们才能相互配合，提高效率，自然而然也就不会将心思放在吵闹上了。

六年级的学生相比其他年级更成熟，也多了一份叛逆，而毛老师总是能将课堂管理得有条不紊。毛老师十分注重教学的逻辑，她的课堂总是井然有序的。而且毛老师在学生中十分有威信，总是能够管好纪律，保障教学的有效进行。经过我的观察，发现有两个关键点：第一，毛老师总能记住很多学生的姓名，所以在课堂上，当该学生不遵守纪律时，毛老师会直接点出他们的名字，提醒他们；第二，毛老师善于运用奖惩制度来管理学生，当课堂上十分吵闹时，毛老师会在黑板上写下每个组的组序，对应标明"减一分"，并在一定时间对积分最高的小组进行奖励。这启示了我，要多亲近学生、了解学生、熟悉学生，要能熟练运用奖惩制度来管理学生。总的来说，不同的老师有不同的教学风格，在不同情境下的应用也不一样，身为新老师的我们，需要多看、多学、多积累经验。

了解学生，亲自进行班级管理

首先，不同年级、不同年龄的学生的身心发展特点不同，班主任对他们采取的管理措施也应不同。从实习第一天开始我就跟着六年级的一位班主任老师学习班级管理，通过与在低年级实习的老师交流，我了解到，在低年级，中午给学生打饭是需要老师帮忙的，不然速度会很慢，尤其在冬天，饭菜会冷得特别快；但在高年级，打饭完全由班委组织，且秩序井然，老师只是在一旁起到监督指挥的作用。

同样地，学生们的学习和午休情况也是不同的。通过与在低年级实习的老师交流，我了解到，低年级的学生不论是早读，还是午休，都需要老师去进行管理。尤其是午休，由于学生的自制力和管理能力还没有发展到一定的阶段，为了让他们下午能更好地继续学习，也为了他们的身体健康发展，教师会严格监督他们安静地午休。而高年级则完全不同，他们的各项能力已经发展到了一定的阶段。当我早上去实习班级查看早读情况时，六年级的学生在没有老师的情况下也能按时、有序地组织早读，让我不得不感叹学生们成长得越来越优秀了。高年级的午休也不用老师过多地进行干涉，他们可以午休，可以写作业，也可以在教室外玩闹，全由他们自己决定，只要他们下午能保持良好的状态更好地学习就行。这也启示了我，对于低年级的学生，要注意监督引导，促进他们形成良好的作息习惯。而当学生发展到高年级的阶段时，可以委以他们部分管理班级、服务班级的责任和权力，在发展学生的管理、组织能力的同时，也增强了学生的自信心和自我成就感、自我获得感。

其次，对于高年级的学生，教师可以加强培养班委的执行力和组织力。我本人是在六年级实习的，因此六年级十个班基本都去过，也管过一些班的纪律，在我的观察下，一个班级中，班委越有执行力和组织力，该班的纪律就越好，该班的学习氛围也就越好。相反，一个班级，班委若没有执行力和组织力，那个班级的纪律便不会好，学生的心思也就不能集中在学习上，教师的授课也不能很好地进行。有两个班纪律很好，无论有没有老师在教室里，班委都能组织大家很快地进入学习状态，这让我十分震惊。后来经过询问，才知道他们都很敬畏他们的班主任老师，而他们的班主任老师又给予了他们的班委十足的信任和权力，帮助班委加强对学生的管理。由此可见，对于成长到一定年龄的高年级学生，教师可以加强班委的培养，让班委来辅助自己进行班级管理，促进整个班集体的进步。

自我反思，学习班级管理方法

首先，在亲自管理学生后，我认识到要通过自己的言行举止建立教师的威信。实习之前觉得"教几个小孩没什么难的"，在学校里也经常上台练习，没什么困难，但是真正做起来却不像我想象的那么简单。在第二周周五，我的指导老师临时有事，让我帮忙管理一下六年级某班，我信心满满走进教室，相信一定能够管理好，谁知没那么顺利。或者由于我是新老师，不会长期在一个班级管理他们，在知道毛老师有事暂时来不了后，学生们便喧闹了起来，说话的说话，打闹的打闹，就是不听我的话。原本我是期望他们能安静地学习或者休息或是小声地讨论，谁知，他们完全静不下来。我尝试大声制止他们，却被他们的声音压盖了过去，可以说第一次管理学生的感受十分不好，让我十分受挫。后来，我与其他老师进行了交流，知道了要建立教师的威信。

其次，实践出真知，适合的才是最好的，要善于运用各种方法管理班级。在之后的一周里，我不断地对照着镜子练习，使自己能保持一定的教师威严。通过不断的练习，我逐渐降低了对学校、班级、学生的恐惧感，在面对老师和学生时不会心里打颤了，也不会紧张得羞红了脸、说话不畅了。在第四周时，毛老师临时有事再次让我帮忙管理一下班级，这一次，我吸取了经验，运用了合适的方法：第一，向他们下达"自习"等命令时，必须严肃、字正腔圆地对他们说出这类指令；第二，在十分吵闹的时候，适当敲击桌子引起学生的注意。

旁听同学讲课，了解其他实习生实际教学情况

我们教师应该以教育目的为导向，想方设法创造条件，吸引学生注意力，激发学生学习兴趣，促进学生良好地、愉快地学习。随着时间的流逝，我们实习教师分别都开始上课了。在第五周周五那天，我的一位同学给六年级教授了"消失的恐龙"一课，他事前准备了很久的PPT和视频，结果当天多媒体坏了，于是教学就出现了一些不可控的情况。由于没有PPT，学生们都很散漫、随意，没有将这节课当回事儿。没有视频、图片的加持，该节课的趣味性大大降低，仅靠书本和想象，学生难以了解和恐龙相关的知识，也没有产生对于未知的兴趣。并且我那位同学没有带扩音器，导致他的声音压不住学生的声音，全班十分喧闹，我们和坐在后排的老师完全听不到他的声音，于是，很多学生都自己干自己的事，不认真听课了。

通过旁听其他实习生的实际教学，我有了以下感悟：第一，由于平时我们过于依赖多媒体，即使在前一天它是好的，第二天也有可能出问题，因此应多加注意。第二，对于理论性很强或是纯理论的、生活中不常见的知识，应该用多种资源、方法引起学生注意，拓展学生的视野。第三，当教师本人声音不够大，难以压住学生声音时，应适当使用扩音设备。

亲身教学，积累教学经验

　　小学科学课程内容多样，我们应该多尝试不同类型的教学内容，在有老师带领、指导的情况下，不断地自主设计，进行实践，积累各种教学经验，为今后的教学打好坚实的基础。从第五周开始，我的指导老师就让我自主选一个课题进行教学设计，并将设计好后的教学设计发给她看。由于后面三章是理论性特别强的章节，我挑选了第五章"科技改变生活"的第一节"影响人类文明的里程碑"，并进行了教学设计，制作详案、PPT等。这是我第一次选择理论性比较强的课题，在本节里，没有有趣的实验，没有反差性强、与人类普遍认知相反的知识，而是有很多琐碎的知识，且需要学生大量的阅读，因此，怎样设计才能使学生产生兴趣并乐意跟着老师去体会是一个难题。我尝试运用多彩的图片、大量的提问以引发学生的探知欲，通过多次的小组合作、讨论、探究拓宽学生的思维。我整理了相关的阅读资料并加以删减，便于学生阅读，针对教学重难点还设计了相关练习题以强化学生的认识。在进行教学设计的过程中，我发现本节里有些知识点是重复的，本着高效的宗旨，我不得不多次对教案、PPT进行修改，才勉强符合我的预期。

　　考虑到我之前一位同学的初次教学情形，我决心一定要采取各种措施保障教学的有序进行。为此，我提前确保了可以使用"小蜜蜂"扩音设备，并检查了教室的多媒体可以正常使用，同时，不断地对着镜子练习，以期望能更好地进行教学。

　　现实中进行教学的情况与自己理想中的还是存在一定的差距。在第六周，我进行了第一次授课。第一次面对四十多位学生进行授课，我的内心还是很慌乱不安的。在课前，我不断地梳理环节、背词，生怕因紧张而忘词，并准备了许多阅读资料打印出来，向老师借用了扩音设备，不断地给自己壮胆。

　　那天，我怀着紧张而又期待的心情走进教室，开始了我的第一次教学实践。学生们见是我而不是毛老师都疑惑又兴奋，在知道了当堂课是我讲授后都激动了起来。在导入时，我紧张地还是忘了词，不过到后面就不紧张了，但我还是出现了几个重大的问题。第一，我错估了学生每次回答问题的时间，因为小学生的语言组织、表达能力还未发展到一定阶段，他们的回答很多时候是不准确的，需要很多的阐释说明，于是每位学生回答的时间都大大超出了我的预期，在没意识到这一点的情况下，我请人起来回答问题的次数过多，最终没能很好把握教学节奏和进度。第二，我设计的小组讨论次数过多，因为我对学生的理解、思考能力了解不透彻，认为有些问题单靠他们个人力量无法独立回答，同时也为了使课堂不过于枯燥，我设置了很多的小组合作、讨论环节。后面毛老师告诉我，现在的小学生知识面都是很广的，智力也是超前发展的，很多问题他们是可以独立回答的，因此我的教学可以改"小组讨论"为"思考""同桌讨论"等，形式要多样化，不然学生会容易疲倦。第三，我直接提出有些过于繁杂抽象的问题，学生不理解。毛老师告诉我，过于繁杂、条件过多的问题最好出示在PPT上，教师要着重强调，或是加强引导得出结论，不然学生是回答不出来的。第四，我的设计是通过提问"制作知识卡片有哪几个部分的内容"，让学生回答得出制作知识卡片的几个部分。后面毛老师告诉我，六年级的学生是不清楚这个答案的，回答是不准确的，最好由我介绍几个部分，让学生练习制作以强化建构。这再一次警示了我，要在充分了解学生的情况下进行教学设计。

在第七周，我修改了教学设计后，再一次站上了讲台，进行了第二次教学实践。这一次，在没有其他教师的情况下，完完全全由我本人上完一堂课。这一次课上，因为没有其他老师听课，学生们非常松弛，由于他们的观点时常不同，常常在课堂上会发生相互争论的情况。虽然我也多次干涉，但还是耽搁了一定的时间，最后导致活动进行了一半就下课了。同时在这一次课上，我发现了，在讲授这种理论信息多的课之前，教师一定要阅读大量的资料，做好充分的知识准备。在课堂上，有一位学生提出了现在的印刷机类型，而我当时由于不了解这方面的具体知识，感到十分的慌张无措，就没有进行即时评价，直接匆忙地跳过去了。事后毛老师告诉我，像这种理论多的课，需要教师课前做大量的准备。

第八周我在另一个班进行了第三次授课。而这次，有了之前的教训，在不断地练习改正后，我顺利圆满地完成了授课。

持续观察，总结活动课、实验课的教学技巧

要注意使用方法和技巧，促使实验和活动的圆满完成。相信对于很多老师来说，实验课和活动课是十分麻烦的，不仅要在课前准备大量的材料，设计好教学流程，考虑到实验的成功率，还要注意材料是否安全、会不会伤到学生。而课堂上，不仅要组织学生顺利地完成实验或活动，还要注意控制实验或活动

的时间，把控好教学节奏。课后，则需要收拾整理器材，偶尔还需要清洗器材。因此很多老师觉得麻烦，便省略了各种实验或活动，而这样不利于学生直观地认识事物的本质。

通过持续八周观察老师的活动课或实验课、与老师交流，我学到了一些便于实验或活动进行的要点：第一，要利用好计时器，老师最好在课前自己做一遍实验，估计出大致的时间，然后在课堂上利用计时器严格控制时间，避免超时导致教学任务不能完成。第二，要注意剪刀、火、电等的使用，无论哪种实验或活动，都需要在保证学生安全的情况下进行。第三，最好提前给学生划分好小组，确定材料员、记录员、操作者、发言人等人员，给他们分别分配任务，便于实验或活动的有序进行。第四，最好拿着物品强调使用注意事项，例如，拿着剪刀强调不要用它划伤自己。第五，要注意将材料及时归位。很多老师在进行教学时都忽略了最后一个要点，及时归位不仅可以避免材料的遗失，还能保持桌面的整洁，便于后续教学的顺利进行，同时还能防止蜡烛等物品伤到学生。总之，实验和活动都是有一定流程的，我们只要做好充分的准备，再运用适当的方法与技巧，就能确保实验或活动顺利进行。

了解班会组织现状，进行班会教育

实习第九周，我注意到教师应该加强班会课的教育，并亲自组织开展了一次班会。

小学生每周有一节班会课是很合理的安排，但实际上，不同学校不同班级的班会课却有很大的差别。有的班级班主任老师从未上过班会课，而是将班会课的时间拿来进行学科教学。有的班级班主任老师则是十分用心地准备每周的班会课，不仅提前安排好学生的活动，还制订详细的活动流程和计划。而更多的班主任老师则是不重视却也不完全忽视，偶尔会应要求，进行防火防灾防溺水的教育，除此之外，其他更富有创造性的主题班会则很少。

在我看来，班会课是一次老师与学生沟通的好机会。在平时，很少有学生会主动地和老师交流自己真实的想法和问题，班会课则是大家交流问题、解决问题的好时机。班会中的沟通交流，不仅可以让学生学到很多解决生活中和学习中各种问题的方法与技巧，还能拉近人与人之间的距离，使师生关系变得更融洽，更便于齐心协力建设好班集体。

总结感悟，继续努力前进

时间如白驹过隙，眨眼之间，三个多月已经过去了，在这三个月里，我收获颇多。首先，经过三个多月的实习，我真切地了解到了小学教育的现状，知道小学环境布置、社团开展、阳光大课间等具体情况。其次，通过听取不同年级的科学老师讲课、与她们交流经验、进行总结提炼，我学习到了很多学科教学方法和教学技巧，学会了很多把控课堂时间和节奏的方法，逐渐了解、掌握了活动课、实验课的开展技巧，进而不再恐惧复杂的活动课和实验课，为以后进行教育教学积累了经验。再次，我通过设计课堂活动并实践教学，克服了之前对于学生、课堂、教育教学的恐惧和紧张心理，敢于直面学生进行教育教学。同时，实践还促进我认识到了我在知识、能力、经验上的不足，认识到了课堂的组织要多样化、要具有趣味性，认识到了学无止境，即使我即将大学毕业，也应不断学习新知识，扩大自己的知识面，为今后的教育教学做好充分的知识储备。通过不断地积累经验，加以改正不足之处，逐渐锻炼了我的各项教学技能，也给了我一定的信心。最后，我通过跟着班主任老师进行班级管理、开展班会，进一步与学生进行了交流，了解到了现在学生的身心发展特点，认识到应该怎样处理与学生之间的关系，知道了该怎样了解学生、熟悉学生、管理学生、平等地和学生相处，以及该怎样树立威信、培养班委、管理好一个班级，凝聚学生的力量，以共同建设积极向上美好的班集体。

现在的我在教育教学上仍有很多不足，但在未来，我将不断地学习，不断地练习，不断地积累经验，促使自己成为更好的老师，更好地教书育人。

指导教师寄语： 在实习的这几个月里，你认真踏实，用心地践行。对于授课，老师见证了你从最初的生涩、忐忑、不知所措，到后面从容应对学生的不同问题，并对学生的不同答案加以引导。在一次次的教案修改过程中，你逐渐意识到了实际教学中需要注意的一些问题，并能加以改进，不断磨炼自己的教学技能，提升自己的教育教学能力。面对学生，你也亲切温和，能与学生友好交流、和谐相处。现在的你或许还不能做到各方面都很完美，在教学设计思路上偶有局限，但在未来，只要你坚持不懈地努力，通过不断练习，终将会变得越来越优秀，成为学生爱戴的好老师。（乐山市通江小学　毛敏佳）

带队教师寄语： 没有人的成功是一蹴而就的，所有教师刚开始的时候都是新手，对于实际的课堂都会感到恐惧，都会经历你们现在所经历的挫折与磨难，但在不断地吸取教训、改进教学方法、磨炼教学能力后，都一步步地成长为优秀教师。现在的你即将进入教师的职业生涯，才开始站上讲台，你会懵懵懂懂、忐忑不安、恐惧他人的视线与质疑，但老师相信，只要你坚定信念，不断努力练习，不断积累经验，最终会成为一名优秀的教师。（乐山师范学院音乐学院　董乐）

第二章 三尺讲台

SANCHI JIANGTAI

三尺讲台梦

◎文学与新闻学院　张恩萍

教育实习让我了解到自己与三尺讲台梦之间的距离，同时又帮助自己离实现教育梦想更近了一步。经过教育实习，我深刻体会到只有在教育教学实践中才能不断发现问题、完善自己，最终提升自己。因此，我对经过教育实习后的自己很满意。同时，本次教育实习更加坚定了我要成为一名优秀的人民教师的信念。且待追师梦，万步登凌峰。

蚕蛹要经历漫长且艰辛的破茧过程才能成为美丽的蝴蝶，而一名普通的师范生更是要经历一次次的历练和实践才能积累丰富的教育和教学经验，通过不断提升自己的能力，经历万千艰辛才能成为一名优秀而光荣的人民教师。而本文就是叙述作为师范生的我是如何在几个月里一步步向自己的三尺讲台梦靠近，一步步成长为具有一定经验的实习教师的故事。

开始实习情难抑

报到前一天，我准备好了实习手册和教材，还特意挑选了一套适合实习的衣服。夜晚，我躺在床上，脑海中不断演练着与学生第一次见面时的自我介绍，激动得难以入眠。

第二天清晨，我早早起床，精神抖擞地与实习同学晓丽一同坐车前往草堂高中。到达学校门口，领取实习名牌的那一刻，我仿佛感受到了一份沉甸甸的责任，也越发觉得自己有了老师的模样。

我们怀着忐忑又期待的心情，前往二班教室。越靠近教室，我的心就跳得越厉害，紧张感如潮水般涌来。晓丽看出了我的紧张，轻声安慰我。终于，我们来到了教室门口。指导老师乔老师从教室里走出来，微笑着告诉我让我做一个三分钟的自我介绍。前一天晚上还能滔滔不绝的我，此刻站在三尺讲台上，望着那一双双懵懂而好奇的眼睛，紧张得大脑一片空白，原本准备了五分钟的自我介绍，竟一分钟就匆匆讲完了。台下的学生一脸疑惑，或许都没听清我究竟说了些什么，甚至可能都没记住我的姓氏，但他们依然热情地鼓掌，欢迎我这位实习老师的到来。

正式踏入实地实习的第一天，乔老师并没有给我安排过多任务，而是递给我一张高二（2）班的课表和草堂高中的作息时间表，并耐心地为我讲解实习教学工作和班主任实习工作的具体安排。之后，晓丽像贴心的小向导，带着我熟悉实习生平时工作和休息的地方，我也迅速了解了工作细节，并精心制订了计划。这充实的第一天实习结束后，我查看微信步数，竟高达两万多步，虽然身体疲惫不堪，但内心却满是喜悦与满足。

实习碰壁小反思

第二天清晨，我早早来到学校，准备陪伴学生早读。那天是语文早读，看到有些学生无精打采，读书声微弱无力，于是我轻声温柔地提醒他们大声朗读。然而，或许是我的语气太过温和，学生并没有太大反应，依旧小声读书。毫无实践经验的我顿时不知所措，只能灰溜溜地走出教室。

但我并未气馁，回到办公室后，我静下心来，认真反思学生没有听从我建议的原因。我意识到，作为一名刚刚与他们接触的新老师，我还缺乏足够的信服力和威信；同时，我对学生的学习方法和个人情况了解甚少，有些学生可能认为默读更有利于背诵知识。我深知，只有与学生建立起紧密的联系，加强沟通交流，了解他们的学习方法，并根据他们的背诵习惯提供更有效的建议，学生才容易接受我的提醒。我坚信，当学生认识到大声朗读有助于提高学习效率时，他们自然会自觉大声朗读。建立自己的信服力和威信力需要时间，只有让学生明白老师要求的初衷和意义，他们才会更愿意接纳老师的建议，而老师的权威也会在这个过程中逐渐树立起来。

思索清楚后，我立刻付诸行动。在之后的实习工作中，我努力走近学生，深入了解他们，钻研适合他们的学习方法。

实习生活小乌龙

实习生活是一段需要慢慢适应的旅程，在这段日子里，我闹了不少乌龙。

一个星期一的大课间，指导老师乔老师因公事缠身，无法监督班里学生参加升旗仪式，便委托我前去。然而，初来乍到的我从未经历过学校的升旗仪式，对流程一无所知。面对这突如其来的任务，我只能硬着头皮随机应变。

我站在教学楼二楼的楼道里，看着下课的学生纷纷下楼，在空地上排队集合。由于我对班里学生还不太熟悉，难以记住他们的名字和样貌，再加上大家都穿着清一色的校服，想要找到二班学生的位置就变得困难。我从队伍后方开始，一路向前询问，从高三（7）班问到高一（6）班，却始终不见高二（2）班学生的身影。

就在我焦急万分时，升旗仪式已接近尾声，我终于在人群中找到了我们班。可当我匆忙赶过去时，升旗仪式恰好结束，队伍开始解散。我终究还是没能完成乔老师交给我的任务，心里既懊恼又觉得好笑。

回到办公室，我向乔老师如实讲述了事情经过，乔老师听后也是哭笑不得。她很快意识到我的问题所在，贴心地给我发了班里学生的名单和照片，让我尽快熟悉学生。我对乔老师的细心关怀感激不已，也深刻认识到自己必须尽快熟悉班里的每一位学生，至少要记住他们的名字。

实习监考新体验

踏入草堂高中实习后，每一件事都充满了新鲜感，成为我人生中的宝贵体验。角色的转变，让我以老师的身份重新审视校园生活，这种感觉新奇而独特。尤其是即将到来的期中考试，更是让我深刻体会到了身份的转变。

期中考试在不经意间悄然来临，原本还想多花些时间熟悉学生的我，不得不放下手中的事情，全身心投入监考准备工作中。草堂高中的领导为实习生们安排了监考任务，当看到那张监考单时，我心中少了以往作为学生时的紧张与担忧，取而代之的是一份强烈的责任感和难以抑制的兴奋感。

监考前半个小时，我便来到考务室，静静等待领导安排。在这里，我见到了期中考试的试卷、答题卡和安检仪器。我和一位经验丰富的老师提前十分钟来到监考教室，迎接考生入场。我负责安检工作，认真检查学生身上是否携带电子设备。

监考过程中，我深切体会到了老师在监考中的"煎熬"。除了监督学生认真答题和收发试卷，不能有其他多余的举动。这让我不禁感叹，原来上学时老师说的"你们在下面做什么，我在讲台上看得一清二楚"并非虚言。同时，这次监考也让我学到了许多，熟悉了监考的流程和注意事项，积累了宝贵的经验。

实习老师还有一项新体验，那就是批阅学生的作业和试卷。监考完期中考试后，紧接着便是紧张的阅卷工作。乔老师将学生平时周练的测验试卷交给我批阅，他则负责批阅期中考试卷。我们一起进行网上阅卷。

阅卷是了解学生学习情况的最佳方式。老师可以从试卷中清晰地看出学生对知识点的掌握程度，找出他们的薄弱环节，从而有针对性地采取措施，帮助学生解决问题，巩固知识。同时，根据试卷中暴露的问题，老师在讲解试卷时也能更加有的放矢，提高讲解的有效性。

批改完学生的试卷后，我对学生在学习方面存在的问题有了清晰的认识。我积极与指导老师交流，在他的悉心指导下，制订了详细的试卷讲解策略，将重点放在学生容易出错的问题上。乔老师鼓励我为学生讲解试卷，这极大地增强了我的自信心。

这是我第一次登上讲台为学生上课，我格外重视这次机会。在准备过程中，我时常感到紧张，但我告诉自己，一定要充分准备。我仔细研究了试卷中的每一道题目，结合学生的答题情况，精心备课。

终于到了讲课的那一天，我登上讲台，深吸一口气，鼓励自己："不要紧张，一切都准备好了。"乔老师也在台下为我加油，让我自信一些。然而，作为新手，我在讲解成语分析题时，没有意识到需要多读几遍题目，经乔老师提醒后，我立刻改正。在讲解情境默写题时，我主动将易写错的字，如《蜀道难》中的"豗"字和"膺"字等，写在黑板上，帮助学生理解记忆。

讲解完试卷后，我及时与乔老师沟通，认真反思总结，交流讲课过程中存在的问题和亮点。比如，我意识到自己讲解时语速有些快，学生可能跟不上节奏；在讲解古诗时，可以适当拓展一些课外知识，培养学生的发散思维。同时，我也看到了自己的优点，如讲解思路清晰，能够联系学生的实际生活，便于学生理解。我将问题一一记录下来，决心努力改进，不断提高自己的教学能力。

实习监考带来的一系列体验，让我在实践中深入思考自己的角色定位，也让我清晰地认识到自己在教学方面的不足之处，了解了自己的一部分实力，也为我之后的实习提供了帮助。

实习技能小提升

实习数周，我已悄然融入草堂高中的实习生活。穿梭于课堂之间，聆听经验丰富的老师传道授业，如同遨游在知识的海洋。每一次听课，都是一次汲取养分的旅程；每一次备课，都是对知识与教学艺术的深度探寻。我从老师们身上学到了调节课堂节奏的精妙，领悟了教学环节自然衔接与过渡的秘诀，知晓如何将知识剖析得透彻明晰，让学生轻松理解。这些宝贵的经验，如同一颗颗璀璨的明珠，串联起我教学成长的轨迹。

此时，我深切领悟到，实践的土壤，方能让理论的种子绽放最绚烂的花朵。然而，真正的成长，源自踏上那方神圣的讲台，亲身体验教学的过程，在实践中探寻自身的优缺点。

乔老师如明灯般照亮我前行的道路，给予我正式讲课的珍贵机会，精心挑选了难度适中的古诗文《锦瑟》让我授课。在我构思教学方案前，乔老师将我唤至身旁，语重心长地提出几点建议："教授这篇课文，要先引领学生多读，在诵读中感受诗歌的韵律之美。这首诗典故繁多，要巧妙引导学生领悟其中的四个典故，在品味典故时，领略李商隐优美的语言，体悟他营造的空灵意境。还有，《锦瑟》备受瞩目的一点，便是后人对其主题的诸多解读，你要留意这些要点。"言毕，我带着满满的收获回去钻研课题。乔老师的悉心指导，如春风化雨，让我对这堂课的设计有了清晰的方向。

经过数日精心设计与反复修改，我终于完成了自己满意的教学方案。在满心期待与些许忐忑中，讲课的日子翩然而至。那天，我挽起秀发，略施淡妆，身着一袭黑色长款连衣裙，怀揣着对教育的敬畏踏上讲台。

然而，当我目光触及台下 48 双充满期待的眼睛时，紧张的浪潮瞬间将我淹没。"上课，同……同学们好，今天我们来……来学……"开口后的三分钟里，每个字都似在颤抖，紧张的颤音清晰可闻。坐在后排听课的乔老师敏锐地察觉到我的异样，用温暖的手势鼓励我：别紧张，拿起话筒，大方讲授。

在乔老师的鼓励下，紧张到额头出汗的我，努力克制内心的波澜，深吸一口气，拿起话筒，继续讲课。这堂课，漫长如一个世纪，最后在学生们的积极配合下圆满落幕。

课后，我情绪低落，陷入深深的自我反思。我将内心的剖析与困惑以信息发给乔老师，自责未能将知识完美传授给学生，满心愧疚。不久，乔老师的回复如暖阳穿透阴霾："整体设计很棒，没有完美的老师，也不存在完美的课堂。每个人都是从新手蜕变的，拥有自己的风格更是难能可贵。"

这些话语如战鼓，激发我越挫越勇的斗志。我结合课堂暴露的问题与乔老师的建议，总结出改进之策。此次讲课，让我清醒地认识到，成为一名优秀的人民教师，我还有很长的路要走。但我也坚信，多学多练，定能铸就成长的阶梯。于是，我主动向乔老师请缨，希望能增加讲课练习。乔老师欣然应允，为我指定了几篇课文，微笑着鼓励："大胆去讲，放心练习。"

自此，我在空荡的教室、空旷的操场，反复备课、试讲。在一次次的磨砺中，我积累了宝贵的教学经验，教学能力也如破土的春笋，节节攀升。此后讲课，紧张的阴霾渐渐散去，我愈发从容自信。

一次，看到草堂高中举办微课比赛的通知，我毫不犹豫地报名参赛。比赛现场观摩优秀选手们精彩绝伦的授课，我深知自己与他们尚有差距。但这并未浇灭我的热情，我依照准备的流程，沉稳讲授。历经多次讲课训练的我，内心筑起了坚固的防线，在这重要场合，依然保持冷静，淡定完成比赛。此次比赛，我进步显著。赛后，我与乔老师深入探讨，总结经验，继续前行。

成长，恰似一场静谧的修行，需要时间的沉淀与挫折的砥砺。经过数周的磨砺与多次讲课实践，我从青涩懵懂的新手，逐渐成长为遇事沉着、经验初显的合格实习教师。

实习教师心换心

"都说教师得树立自己的形象，"室友一本正经地说道，"你得对学生严肃些，不然没有威信力。"我手捧保温杯，若有所思地听着，心中暗自思忖："是啊，不能总是嘻嘻哈哈。何况与学生交流甚少，这样下去可不行。"

如何拉近与学生的距离，成了摆在我面前的难题。于是，我开始每日待在教室。然而，生性腼腆的我，与学生交流时难免冷场，气氛一度尴尬得让人无所适从。

转机在一次请假事件中悄然降临。一位学生突发急性胃痛，却寻不见班主任乔老师签请假条，焦急之中找到了我。我毫不犹豫地签了假条，随即向乔老师汇报。那位学生及时去了医院，身体康复后，与我变得格外亲近。此后，越来越多的学生主动与我交流，我也借此机会，走进了部分学生的内心世界。

草堂高中举办的家长会，又为我创造了增进师生情谊的契机。协助乔老师完成准备工作后，我组织学生去会议室自习。在这个过程中，我进一步了解了大多数学生，师生关系愈发融洽。

临危受命挑大梁

期末考试前两周，我留意到乔老师身体欠佳。在指导完我的一次讲课后，乔老师给我发来消息："小张，明天的课你要独自承担了，我暂时无法到校。"看到消息的瞬间，我心头一紧，赶忙回复："乔老师，您放心休息，祝您早日康复。"

发完消息，紧张的情绪如潮水般袭来。我不敢懈怠，给自己加油打气。为了不错过早读，我特意定了很早的闹钟。然而，我却睡过了头。我匆忙收拾好，一路飞奔至实习学校，在铃声响起的瞬间冲进教室。

走进教室，我看到的是与往日截然不同的景象。平常活泼吵闹的二班，今日格外安静、听话。我领读课文时，他们声音洪亮，认真专注，无一人偷懒。负责打扫卫生的学生也无须班委督促，自觉将教室和公共区打扫得一尘不染。课堂上，往日沉闷的氛围被积极热烈的讨论取代，充满了活力。这一天，我讲授《老人与海》课文也格外成功。

晚上八点半，结束一天工作的我拖着疲惫的身躯回到寝室，内心却满是满足。这一天，我深切体会到了班主任与任课教师的艰辛，对教师这份职业有了更深的理解与敬意。

教育实习再出发

任前方荆棘丛生，我仍持之以恒，这是我心里坚定的信念。在逐梦教育的道路上，我怀揣着坚定的信念，勇往直前。当踏上那三尺讲台，我便深深爱上了这片教书育人的天地，愿意为之奉献一切。

三尺讲台的梦想，如璀璨星辰，照亮了我整个学生时代。此次实习，让我更加明确了前进的方向。我深知，成为一名光荣的人民教师，还有漫长的路要走，但我将全力以赴，不懈奋斗。

回顾实习生活，犹如一幅绚丽多彩的画卷，每一个瞬间都铭刻在我心中。这段经历，让我的三尺讲台梦更加清晰、坚定，让我从初出茅庐的新手成长为经验渐丰的预备教师。

虽然实习生活已然结束，但我心中的教师梦永不落幕。我深知，教师这一神圣而伟大的职业，需要我们用顽强的意志和永恒的心去守护。与高二（2）班的学生告别后，我独自走在回校的路上。这条路，承载着回忆，更满溢着对美好未来的憧憬。我将带着这份热爱与憧憬，在教育的道路上，继续坚定地前行。

指导教师寄语：初登讲台的你手忙脚乱，不敢面对学生的眼睛，语气中总是那么紧张，我总是鼓励你，他们是学生，你是老师，只要投入，总有收获。每个学生的心中都有一个神秘的小宇宙，做老师就是要走进他们的心灵深处，与学生达成精神的契合。

慢慢地，你走上了正轨，开始享受当语文老师和班主任的乐趣。你是我带过的无数实习生中的一个，我相信你会像你的师兄师姐一样，在不远的将来，充分享受平凡工作中的幸福，祝福你。（乐山市草堂高级中学　乔科文）

带队教师寄语：朴实无华的文字是情感最好的表达，看了你的文章，我深切地感受到你在实习期间的所得所获，也体会到了你对这段时光独特的感情。我看到了你对三尺讲台的向往，看到了你眼里关爱学生的炽热目光，看到了你对教育事业认真负责的态度。老师欣慰于你能在这次教育实习中取得了如此的进步，希望你能在今后为你的三尺讲台梦继续奋斗。（乐山师范学院马克思主义学院　徐碧英）

第二章　三尺讲台

三尺讲台，梦在心中

◎外国语学院　胡嘉敏

每天和学生相处，我亲眼看见了他们的成长和进步，看到他们在我的指导下慢慢变得自信、勇敢，看到他们对知识的渴望和求索，这种成就感是无法言喻的。我发现，作为一名教育者，我们有能力影响学生的思想、塑造他们的未来，这是一种责任和使命。在教学过程中，我传授知识给学生的同时，更从他们身上学到了很多。每一个学生都有独特的个性和思维方式，我学会了倾听他们的声音，尊重他们的观点，并且根据他们的需求调整教学策略。我意识到，教育是一种相互的交流和学习，只有真正理解学生，才能给予他们最有效的教育。

时光如梭，很快一学期的教育实习就落下了帷幕。那些在实习开始前对未知的恐惧与紧张仿佛就在昨天。首先感谢嘉定中学的领导及老师对我的帮助与支持，更要感谢学生在实习期间带给我的快乐与启发！在肯定自己的同时，我也发现了自己的很多不足。实习让我觉得自己需要提高的地方还很多。

我的融入，我的感受

人生总有许多的第一次，而初为人师，对于师范生的我而言却是件极具挑战、颇具诱惑的事情。2022年9月，我怀着兴奋的心情，来到乐山市嘉定中学，开始了几个月的教育实习。实习期间的点点滴滴、酸甜苦辣，让我体验到太阳底下最光荣事业的崇高和艰辛。在实习学校相关领导和指导老师的悉心指导下，我时刻牢记"为人师表，严谨治学"的校训，充分发挥主观能动性，把在大学课堂上所学的理论知识和实际教学相结合，在实践中学，在学中实践，认真开展教学工作和班主任实习工作，踏踏实实、勤勤恳恳、任劳任怨。我付出了很多，也收获了很多。在整个实习阶段，我从一个只会"纸上谈教"的大学生成为一个能在课堂上"讲课自如"的预备老师，从一个没有经验的大学生成为一个对班级管理有一定能力的班主任，这一切无不见证着我的每一分耕耘都有所收获。

刚到实习学校，负责实习事宜的老师和学校领导召集我们开会，在会上，校长对我们的实习工作做了安排，并介绍了学校的一些基本情况，还对我们提出了希望和要求：希望我们能顺利完成实习，每个实习老师都能学到本领；要求我们严格要求自己，为人师表，言必行，行必果，身正为范。接下来我们领取了一些实习用品和实习牌子，戴上实习老师的牌子后，在路上听到学生对我们说"老师好"的时候，仿佛自己真的成了这里的一名教师，心中有种说不出来的激动和兴奋，但同时也多了一份责任。

我的教学，我的管理

教学实习分为两个阶段：第一阶段是见习阶段，在这个阶段，我全面熟悉初一的英语教材，认真听指导老师的每一堂课，做好听课记录，课后与老师探讨，虚心求教，深入了解课堂教学的要求和过程，学习如何备课，如何更好地将素质教育的理论与考纲考点相结合。第二阶段是实践阶段，我的指导老师是具有十多年教学经验的优秀教师，并且带两个班，她给我安排的授课不是很多，且每两节课间隔时间比较长，让我有充分的时间细心琢磨教材、认真写教案、做课件并反复修改，直到自己认为教案课件能较好地符合班级情况才交给她审批。在指导老师的批改和建议下再做修改，并且在上课前进行试讲。我的每一节课，指导老师和另外一个数学老师都坚持听课，在课后细心帮我评课，针对我课堂上出现的问题提出宝贵意见，并且肯定了我的一些可取之处，让我备受鼓舞。在课后，我认真总结，扬长避短，提高教学水平，以确保不在下一次的教学中出现同样的问题。在这样的努力下，我在教态、语言、板书、提问技巧、与学生互动各方面都有了显著的提高。但我也清楚地认识到，在教学过程中，自己还存在不少缺陷。比如在讲授知识点时，没有突出重点、难点，过于追求学生的自主探索；课堂的调控和应变能力还有欠缺，有待加强；在遇到突发事件时，自己往往还不够清醒，不能很好地处理。我认为一个教师的基本功还是体现在对课堂的控制上，我应该朝着这个目标不断努力。

同时，我也兼任实习班主任的工作。记得刚开始见习时，我就急着找班主任老师了解班级情况。但班主任老师并没有直接告诉我，而是让我自己去发现、去了解。可能当初我有点不理解，但后来想一想班主任老师并没有做错。我们应该用自己的眼睛去用心观察了解班级，了解学生，这也是对我们工作的一个考验。

刚开始几天，彼此还不了解，学生都不怎么主动和我说话，我发现自己好像很难融入这个班级。这时我主动关心他们的学习、生活情况，慢慢地和他们交流，学生也逐渐放开，愿意主动找我交流了。

接下来我又通过班委会议了解了班级的一些日常工作以及班委的一些职责，较快地熟悉和掌握了学生的情况。为了增进对学生的了解，我抓住一切可能的机会和他们接触交流。

我还在班主任老师的指导下，辅助他开展日常工作并组织了一次班级活动。在这短短的几个月，我更多的是监督学生的学习、纪律以及卫生。我们班有不少调皮的学生，我发现自己很难对他们进行思想教育，我越是态度强硬，他们就越反抗。对于这类学生，应该在平时和他们多交流，在平常的交流中适当地通过一些言语对他们进行引导。

我的付出，我的收获

老师的赞赏和学生成绩的提高是对我的教学水平的充分肯定。做班主任是辛苦的，而当中学的班主任则更辛苦，当我第一次到班上带早读的时候就更深刻地体会到这一点。我每天有三个主要任务：一是每天早上 7：00 到教室督促学生打扫卫生，检查仪容仪表，督促学生认真早读。二是在上课时间进行巡堂，检查上课情况，如有上课不认真听讲者，下课及时找他谈话，提出警告。三是午自习时辅导个别学生，给个别学生做思想工作。一开始我就抓紧了解班级情况，整理学生的档案，了解学生的成长经历，很快熟悉了学生的学习状况和家庭情况，这给我的工作带来很大的帮助。在这个过程中，我爱岗敬业，任劳任怨，不喊苦不喊累，尽责地做好每一项工作，带领学生参加学校的各项活动。经过不懈的努力，班级整体情况有了改善，我与学生也建立了良好的师生关系，得到他们的信任，成为他们诉说心事的对象，我也诚恳地倾听他们的倾诉并开导他们。时间过得非常快，当我真正了解学生特点，开始和他们建立起感情时，实习却结束了。虽然时间非常短暂，但觉得自己学到了很多知识，也尝到了当教师的酸甜苦辣，感受到学生的聪明可爱。在这次实习中，我从班主任老师身上学到很多，同时充分体会到"爱心"在师生关系中的关键作用，只有你对学生付出真爱，你才能获得学生对你的尊重和信任。但在实习中，我不能很好地做到"爱"跟"严"结合，可能我有时过于迁就他们。我想对学生的爱一定要有一个度，而且必须跟严结合，该严的时候就严，只有这样学生才能理解你的爱。在班主任实习工作中，我学会了制定班级的班规纪律，学会了如何调动班干部，学会了维持班级纪律，学会对学生进行个别教育，学会写班主任工作计划，学会怎样开好主题班会……这一切都是我班主任实习工作进步的真实写照。

我的理解，我的未来

我认为学校的主人永远是学生，所以我的教学与管理都是本着"以学生为主"的思想。我懂得了如何与学生相处，如何管理学生。在班主任老师的悉心指导下，我懂得了要管理好班级就必须奖惩分明，建立班主任的威信。为了更好地约束每个学生，我们制定了班级公约，明确规定了每个人能做什么不能做什么，并给以相应的加分、扣分及奖励和惩罚。这样能够使学生更好地遵守纪律。对于个别调皮的学生也不能一味地训斥，要尽量给以恰当的开导。教师对学生的肯定、鼓励、表扬一定要远远多于批评。我兼一个班的班主任，短短几周时间也验证了这一点。在管理学生方面我本着多接触学生的原则，没事就与学生交流，多去班级，多让学生给自己"找麻烦"，多帮助学生解决问题，也便获得了更多锻炼的机会，积累了更多的经验。

有人说选择当教师就是选择了平凡，但我觉得当上教师的都是不平凡的人。有人说当教师太平淡，其实我觉得任何事情最终都会归于平淡，而能把很平淡的事情做得有味道，这才是本事。我的指导老师就是这样一位教师。这次的实习也让我更加坚定我的目标：毕业之后无论做什么，至少我不会离开教育。最后一天要和学生说再见的时候，我再次看到了教育的美丽，我永远都不会忘记这份美丽。经历了教育见习与实习这两部曲，我已经开始期待第三部曲，相信曲子一部比一部更好。我也希望自己能够通过努力早日成为一名教师！因为选择，所以坚定。

我的努力，我的感悟

经历了几个月的实习生活，我初尝了身为一名教师的酸甜苦辣，也体会到当一名教师所肩负的责任。在这两个月里，作为一名实习教师，我能以教师身份严格要求自己，为人师表，处处注意自己言行和仪表，热心爱护学生，本着对学生负责的态度尽全力做好班主任及教学的每一项工作。同时作为一名实习生，能够遵守实习学校的规章制度，尊重实习学校领导和老师，虚心听取他们的指导意见，并且和其他实习生一起团结协作完成实习学校布置的任务，很好地塑造了我们教育专业的形象，给实习学校留下了好的印象。

指导教师寄语：实习只是你职业生涯中的一个起点，而学习应该是一个持续的过程，你应保持好奇心和求知欲，不断学习新的知识和技能。行业在不断变化，只有不断学习和更新自己，才能跟上时代的步伐。最重要的是，要保持积极的心态和坚强的意志。职业生涯中难免会遇到挫折和困难，但是请记住，这些都是你成长和进步的机会。面对困难要勇敢地应对和解决，不要轻易放弃。坚持自己的信念和目标，相信自己的能力，你一定能够克服一切困难，取得成功。我衷心地祝愿你在未来的职业生涯中取得巨大的成就。相信自己的能力，坚持不懈地追求自己的梦想。无论前方有多少困难和挑战，你都能够勇往直前，创造属于自己的辉煌。（乐山市嘉定中学　黄蕾）

带队教师寄语：知识是永无止境的，只有不断学习和成长，才能在职场中取得更大的成就。要有耐心和恒心，教学期间可能会遇到各种挑战和困难，但是请不要轻易放弃。团队成员都愿意给予你帮助和支持。相信自己的能力，坚持努力，一步一个脚印地向前走。只有在困难面前不屈不挠，才能取得真正的成功。（乐山师范学院新能源材料与化学学院　张连花）

师生之情，讲台之梦

◎教育科学学院　张银银

　　教育实习是每个师范生都会经历的教学实践环节，在我的实践过程中，这份普通的教育实习经历，已成为我难忘的回忆。爱是相互的，在学校中教师和学生的爱更能集中地表达出这份感情的真挚而热烈。这次实践是我职业生涯的开端，是我第一次以教师的身份与学生相处。我热爱教师这份职业，也珍惜这份情感。

　　不知不觉中，在嘉州学校的实习生活已落下帷幕，离校之际，心中莫名生出辛酸与不舍。回想起刚收到嘉州学校报到通知时，我非常激动和开心，报到那天我甚至提前几个小时乘车前往嘉州学校。在学校门口等了约半个小时，带队老师问我们的第一个问题便是："你们怎么过来的？"大家来的方式大相径庭，有乘车的，有骑电瓶车的。老师听到这些回答时好似有震惊，好似理解，并告诫我们出行要特别注意安全，一定严格遵循实习学校的规定。而后在嘉州学校老师的带领下，我们进入了嘉州学校，第一感觉便是学校的老师对我们非常热情。之后在会议室中，学校老师为每位实习生分配了指导老师和班主任老师。

　　嘉州学校里的老师和学生待人都很友好，我也收获颇丰。在实习中，与学生相处时，教学情境总是像天气一般千变万化，让我意识到以后不管遇到顺境还是逆境，都应从容地去应对。开始时，我会有所顾忌，可是事实告诉我，做事应当有自信，应有尝试的勇气，即便是在此过程中失败了，也能让自我成长，如果连锻炼的机会都没有，那如何积累经验和成长呢？要是我们只等待机会不创造机会，那么机会永远不会出现。关于我的实习故事，我想用这样一段话来总结：我相信，我所有走过的路，终有一天，都将繁花似锦。从乐山师范学院至嘉州学校，我曾以为只是一步之遥，奈何却是山与海的跨越。时间似一把流沙，转瞬间已从指尖悄然流逝，来不及珍存便已消失不见踪迹，两个月的实习生涯在没有告别中结束了。

吾之实习学校

嘉州学校以"厚德树人,善待人生"为办学理念,以建设一所教有特点、学有特长、校风正、校园美、设施全、质量高、特色强的师生向往、家长放心的现代化品牌学校为办学目标,把"教育就是服务,为国家和社会发展服务,为每一位学生素质提高,和谐发展服务,让社会满意、让家长放心、让学生成功"作为办学宗旨,是一所重德育,以培养社会良好公民为目标的学校。

嘉州学校为我分配的指导班主任是六年级(3)班的朱老师,在朱老师的介绍中得知,虽然该班学生的成绩平平,但是其他方面都很优秀,很多学生都有自己的特长,而且活泼可爱、心地善良,只是略微调皮捣蛋,不过总的来说他们还是一群挺不错的"大小孩"。在后来的相处中,我也看到了他们的闪光点,并且慢慢地爱上了这群活泼的"大小孩"。

我大学学习的专业为科学教育,实习的是科学教师。学校给我安排的指导老师是科学组的组长刘老师。刘老师虽是一位年轻教师,但是却非常有经验,听她上课便知她课堂评价的多样化,在她身上我学到了许多经验,同时也看到了作为科学教师应具备的素养。

吾之"做中学",为人处世之道

对于我所教班级而言,我是一名实习老师,同时我也是一名学习者,我需要从指导老师和班主任老师身上学习技巧,积累经验。因此,在实习学校中我需要学会如何更好地处理与这两位老师的关系,还需要处理好与学生的关系。作为学习者,我需要学会谦虚,学会放低姿态,虚心求教;作为教育者我要细致负责地为学生传授知识。首先,我需要在思想上不断督促自己,以一种端正的态度来对待我的实习工作,无论在实习期间遇到任何困难与挫折,我都要保持积极乐观的心态,用宽容的心态来对待一切;其次,我要始终坚持与时俱进的思想,严格要求自己,保持不断进取的思想,并在教育教学改革过程中贯彻新观念、新方法;最后,作为班主任实习老师,我秉承关心爱护每位学生的理念,不因学生成绩优差而差别对待,而是以发展的眼光看待他们,努力挖掘每位学生身上的闪光点,鼓励他们,让他们成为未来社会的佼佼者。

从纪律上来说，我遵守嘉州学校的一切校纪校规及各种要求，不迟到早退，待人有礼，并且时常注意言行举止，我知道我的言行不仅代表着教师的素质，更是学生学习的典范。平时在与班主任老师和指导老师的相处中，我认为他们既是我的同事又是我的前辈，所以在教学中我有什么疑问或者想法时，会谦逊地向他们请教。在工作中我尊重两位指导老师的安排，在做一切工作和活动前都先向他们请示，征求同意之后才开展。面对班级中出现的问题，特别是紧急重要的问题时，我都会第一时间向班主任老师汇报，向班主任老师请示或与之探讨解决方案。我认为无论在生活中还是在教学中，只有在互相尊重的基础上建立的关系才能融洽和长久。

此前，作为一名学生的我，还不知道如何更好地与他人相处，特别是和学生的相处，而进入嘉州学校之后，拥有教师和学生双重身份的我，学会了如何恰当地处理人际关系。

吾之"教中学"，初识教学之法

虽然为人处世是我要学习的内容，但是教学工作和班主任工作的学习是本次实习的核心任务。在学校主要学习理论知识，然而有时候理论与现实脱轨，只有通过实习才能真正体验给学生上课的感觉，才能在实践中检验理论知识的正确与否，在实践中改进教学方式，积累教学经验，为后期的学习指明改进和发展的方向。但是初出茅庐的我想要上好一节课并非易事，为了能更好地完成这项任务，我进行了各种努力和准备。

让我记忆深刻的事情之一便是第一次上台讲课，我感到非常紧张，在讲课前两天我便准备好了课件和教学方案，而后同指导老师进行沟通并且进行修改，将修改后的课件和教学方案拿给指导老师看。在征得指导老师同意后我开始熟悉课件熟悉教案，甚至在去实习学校的公交车上都在不断地熟悉课件，构思上课的环节以及对课堂中可能出现的问题进行预设。以前在学校都是在没有学生的情况下进行讲课，而现在将面对台下五十几个学生进行讲课，心中难免忐忑不安。到达实习学校后我继续备课，越接近上课越紧张。在上课的过程中不知道是紧张还是没有经验，没有给学生讲清楚实际操作中的注意事项和活动规则，导致后来学生实验操作混乱。课程结束后，我对自己讲课的表现很不满意，后来我向指导老师请教，他对我该节课的教学提出了评价及意见，同时我自己也进行了反思，发现主要有以下几点问题：对该节课的讲课内容不够熟悉，与学生沟通较少，讲课时的教态不够规范，课堂语言不够精简。此后一周，我又进行了几次讲课，总体而言，上课的效果逐渐好转。这极大地鼓舞了我上课的积极性，而且上课的紧张感也逐渐减少，慢慢学会了如何上好一节课，如何在上课时有效地控制课堂纪律，推动课程的进行。我在讲课时所表现出来的不足，也正是我需要学习和不断加强的地方，虽然第一次上台表现不是很好，但这也是我在校实战获得的第一笔经验财富。

吾之"教中得"，感悟反思之要

我虽初入教育之途，亦有成为一名良师之愿。在这里我想详细讲述我实习过程中最喜欢的一节课"云和雾"，它虽然不是我上得最好的一节课，但却是我从做教案到反思最细致的一节课，正是这节课促使我进行教学反思。同时也感谢我的指导老师不厌其烦地为我提出改进意见，以下是我实习阶段总结的教学反思。

（1）明确实验的目的，在实验前阐明实验步骤及实验注意事项，同时应保证语言规范简洁。

（2）在明确实验注意事项时，可采用以下方式：在播放实验视频前以问题的形式呈现注意事项，口头讲述注意事项。

（3）整堂课的语言做到简练，确保提出的问题有可行性和必要性，尽量避免提出无效问题，并且不应该对学生回答的问题进行重复。

（4）请学生回答问题后，应及时评价，并且对每个学生的回答给予不同的评价。

（5）在做实验前应先组织学生用活动手册记录实验现象，并且在学生做实验时巡回指导学生记录实验现象，在完成实验后给出一个汇报模板，组织学生有效规范地进行汇报。

（6）小组实验时，及时表扬小组同学，对不同小组给予不同的评价，如这一小组分工很明确、这一小组汇报得很完整。

（7）课堂中的板书是至关重要的，注意板书的完整清晰。

（8）总结时可根据学生的上课情况来进行。

我认为以上反思不仅适用于科学实验课的教学，也适合其他课程。对于教学工作整体而言，首先，教师需要加强对学生的了解，如学生现有知识水平状况、接受知识的能力、性格、上课状态等，这是上好一节课的基础。在

逐梦前行：我的教育实习故事（第一辑）

来到嘉州学校的第一周，我积极跟有科学课的班级老师沟通，去听几位老师的课，向他们"取经"。在听课的过程中，我收获了很多，如教态、板书、教法、重难点突出、课堂气氛的调动等，这也使我更了解这个学校以及我所带班级的学生特点。因此在相对熟悉的基础上，我开始着手准备我所要教授的课程。其次，在备课方面，我深知需要认真负责，不但需备教材备教法还需备学情，从教材的内容到学生的实际情况，选定教学方法，突破知识重难点。小学生的性格比较活泼，创新能力较强，但知识基础较为薄弱，而且对课堂知识的接受能力较弱，若一味传授知识，就会让科学课显得枯燥无味。为有效达成教学目标，让学生更容易接受并掌握科学知识，我努力改进我的教学环节并在课件上下功夫，以图片、视频、动画等形式直观地呈现科学知识，以引起学生的兴趣，调动学生学习的积极性和课堂氛围，使学生学有所获。最后，要及时地对所学知识进行总结，并且在课后对本节课的教学效果、学生反应等进行反思。

总的来说，经过这一学期的实习，我的教学技能增进了不少，我也懂得了教学要贴近生活、贴近实际、贴近学生。以此同时，我明白了如何通过层层问题来引导学生，也发现了问题引导成功与否重点在于提问是否得当且是否具有针对性。因此提问技能也是我在未来的教学中需要不断学习和提升的。

吾之"忘年交"，做仁爱之师

教育家巴特尔说："教师的爱是滴滴甘露，即使枯萎了的心灵也能苏醒；教师的爱是融融的春分，即使冰冻了的感情也会消融。"[①] 我一直将这句话作为我育人之路上的圭臬。的确如此，学生如初生之苗，是需要教师的爱来细心呵护的。

记得那是一个阴雨天，雾蒙蒙的，空气中弥漫着湿气，环境显得有些压抑，在去往上课的路上，我在一个楼梯间看见了一位正在抽泣的同学，脸蛋小而圆，戴着一副很大的眼镜，差不多遮住了他半张脸。我上前询问："遇到什么不开心的事了吗？为什么不去上课呢？"他哽咽半天才说出原因，原来是和同学发生矛盾，被其他同学联合起来孤立。由于我急着上课，便稍微安慰了他

---

① 李祖华：《培根铸魂育梁才——小学思想政治教育探索与实践》，天津社会科学院出版社，2022年，第161页。

一下，让他先去上课。上课时我看见他也是郁郁寡欢，常常将脑袋埋在手臂中，即使偶尔抬头眼睛也是红红的，看到他这样，我的心里不由得有点沉重。下课后我找到他，对他开导道："我知道你很难过，但是咱们不能失去自我，不用一味地看对方人多，就感觉是自己错了，可以尝试和同学们沟通，改善现在的关系，老师相信你，可以尝试改变自己。"

说完这一番话，我看着他仍然低头不语，我不由得补充安慰道："你也可以找老师玩呀，老师也是你的朋友。"我看着他盯着我，泪眼蒙眬地点点头，我的内心涌现出一种使命感。是呀，对于他而言，仅仅是老师的一句安慰就能给予他莫大的勇气，这也让我坚定了不能袖手旁观的决心。

与生为友，化解矛盾。与该学生做朋友是我计划的第一步，而寻找契机帮助他与其他同学"化敌为友"是我的最终目标。小孩子的矛盾来得快去得也快，在我的调节下，不到几天他们就又高高兴兴地玩在一起了。看着他们在一起玩球，我满意地笑了笑，没想到他突然跑过来，踮起脚在我耳旁轻轻地说："张老师，你永远是我最好的朋友。"说完他不好意思地笑了笑就跑开了。

此时此刻我的胸腔涌过一阵热流，我愿作无名的落红，化作春泥更护花！

亦师亦友之途

对比教学工作与班主任工作两方面的收获，我觉得我在班主任工作方面的锻炼成长较多而且收获颇丰。朱老师待人十分真诚，耐心地给我介绍学生的信息，他给了我一份学生名单，依次介绍学生的性格，特别介绍个别特殊学生的情况，如心理疾病、多动症、父母离异等情况，告诉我在与这些学生进行交流时需注意分寸并且多一些关怀，在与学生家长交流时也应该更加灵活一些，不宜交涉过深，要扬长避短，发挥自己的长处，避开自己的短处。

在班主任工作方面，可以说我第一天就直接上岗了。因为在第一天班主任老师花了两个小时给我们讲了作为班主任所需要做的各种日常工作后，我就按照朱老师所提出的要求开始工作了，比如早读前去教室监督学生做清洁、检查学生的到班情况，在早读时到班上监管学生读书，每天的课间操监督学生是否认真跳操等。

第一天磕磕碰碰地把班主任一天的日常工作过了一遍之后，我感受到了一定的难度。初来实习学校时，我常常会为烦琐的工作焦头烂额，甚至还会默默哭泣，但是可爱的学生们宛如天使向我释放着他们的善意：有时我能在桌上看见学生偷偷放的道歉便条，有时在监督课间操时手里被偷偷塞入小面包，学生还会邀请我一起跳绳，经过班级时学生会露出热情洋溢的笑脸……我仿佛看到了日常中我和他们埋下的友谊种子在默默地破土发芽。

相处中开出友谊之花

为了能够快速进行管理工作，我需要获得学生的喜爱和信任，因此我选择的策略是经常到班级转一转，偶尔借一些话题来与个别学生交流。在获得个别学生的信任之后，通过这个学生来侧面地了解班级其他学生的情况，再结合我平时对他们的观察，时间一久，信任度增加了，感情也培养起来了。将近实习半期的时候，我与班上的半数学生都比较熟悉，这也为后来给他们上科学课时课堂积极活跃打下基础。

实习的第三周是期中考试，为了使学生更加认真地学习，我也增加了自己的到班次数，并且给学生指点答题技巧及我认为应该重点复习的内容等。考完试，我在办公室里整理资料时，好几个学生拿着卷子一起高兴地冲进来，兴奋地对我说："张老师，张老师，我考了98分……"看着他们高兴得都快蹦起来了，我也不由得露出一个大大的笑脸。我仿佛看到了我和他们的友谊之芽，在这一刻开出了绚丽的花朵。

双向奔赴结出友谊之果

我精心呵护的"花朵"，最终也会用他的方式来回报我。

期中考试成绩出来后，我发现班里的学生总体成绩不是很理想，为了解决这个问题，我找到了班里的班长、课代表、小组长，以及一名无职位的学生谈话。选这几名学生谈话是有原因的：首先，班长作为一班之长对整个班级的情况是比较熟悉的，我能从他那里了解班级的总体概况；其次，课代表敢于说真话，有自己的思想和主见，从他们那里我能得到相对准确的反馈；再次，现在都是实行小组管理学习制度，小组长对其他17个小组成员的情况都非常熟悉和了解；最后选的就是一名没有班级职位的学生。我利用课间操的时间与这几个学生进行了交流，再结合我平时的观察，证实了我之前的猜想，他们学习成绩不好的原因主要是学习态度不够端正。

后来，我把想法跟班主任老师汇报，她非常认同，鼓励我尽自己努力去解决问题。在接近期末时，我发现个别学生的情绪不稳定，不太利于学生期末复习。基于此我设计了一个"我的情绪我做主"的主题班会活动，借用了视频、音乐、图片等素材，以及案例事件。首先播放音乐，让学生根据音乐的不同声音体会不同的情绪，引导他们说出有关情绪的词语，而后将学生所说的情绪分为四类，接着播放视频，询问学生喜欢什么情绪并说出理由。接下来呈现案例，组织学生分析案例从而引出如何摆脱消极情绪的问题。先引导学生说出各种摆脱消极情绪的方法，再播放相关视频，让学生学会摆脱消极情绪，敢于直面自己的情绪，学会主宰自己的情绪，做情绪的主人。

时间飞速流逝，转眼就到了我要离开的日子。朱老师在课间宣布我即将要结束实习时，许多学生依依不舍地看着我，还有不少学生上来抱着我，我看到一个小男孩悄悄地抹眼泪，我的心一下就被击中了，多么真挚的感情呀！窗外寒风凛冽，教室中却温暖如煦。

教师是太阳底下最光辉的职业

可爱的学生，细心的指导老师，一幅幅画面从脑海中闪现，有苦有甜。从起初上台心脏怦怦跳不停，到现在平稳镇定。非常感谢他们，让我成长。通过这次实习，我明白了很多道理，在大学里面学的理论知识如果不用于实践，很有可能就会出现理论与实际脱节的情况。我为了能把人生的第一节面向学生的科学课上好，把教案和课件修改了一遍又一遍，把要求不断提高，把内容逐渐浓缩，把语言精练，把以知识传授为中心转变为以实验为中心……有太多的问题，需要我不断地完善。我也懂得了，要想当一名优秀的科学老师，需要不断地提高自己的文化涵养、拓宽视野、提升教学技能、优化教学技巧。人生总是在一次次离别中成长，虽不舍，但我会怀揣着对教育的坚定走下去。我的教育实习虽然已经结束，但我对教育的追求将一如既往，我对学生的关爱也将永不消减。这次实习让我有了更多实战的机会，希望学校能够为我们多多提供实习平台，让我们有更多机会登上讲台来检验和提升教学的能力，从而成为优秀教师，为社会输出更多优秀人才。

指导教师寄语：这篇文章语词虽不十分华丽，但能清楚地表达出你对教育的热情、对学生的喜爱、对老师的尊敬，我很欣赏你能用这般朴素的辞藻描述出让人向往的职业。你的收获也是我的成功。用真心待学生，也换得了学生的喜爱，这便是作为教师的成功之处，也是你职业生涯中的第一步。从文章中对实习的看法，可以看出你是个善于思考和反思的教师，希望你以后能继续努力和坚持下去。（乐山市嘉州学校　刘欢）

带队教师寄语：春去秋来，我看到了你在实习期间由学生到教师的蜕变，这正是你需要学习之处，知识是永无止境的，只有不断学习和成长，才有获得成功的机会。作为一位教师要有耐心和恒心。在工作期间会遇到各种各样的困难和挑战，我希望你不要放弃，学会寻找解决的方法。你要相信自己的能力并为之努力，做到凡事一步一个脚印。（乐山师范学院文学与新闻学院　王立新）

第三章 精磨教技

JINGMO JIAOJI

逆光不止，向阳而生

◎数理学院　肖　莉

教育，是一项向阳而生的事业。有人说离学生心越近的教师，他离教育才越近。之前并不太理解这句话，经过四个月的教育实习，我渐渐懂得了这句话的含义。在这一路上，看着我的指导老师做教育，我也尝试着实践，学着如何走进学生的内心，学着如何去关爱学生，学着如何去思考，学着如何成长。但未来的路还很长，我还需用行动去诠释教师的职责担当，努力做一名有教育情怀的人民教师。

岁月不居，时光如流。2022年，看似普通的年份，于我而言，却记录着我成长的足迹，意义非凡。在整个实习历程中，我收获颇多。我看到了一位优秀教师兼班主任在"做教育"这条路上的所言、所行；也看到了在他的带领下，朝气蓬勃、闪闪发光的至善堂（该班级的别称）娃娃们的成长；更看到了自己在实践中的成长。

第一站：初遇

9月13日，我怀着激动的心情走进实习学校——乐山市实验中学。早上开了讲座，我见到了心心念念的指导老师——胡同祥老师。他是四川省特级教师和四川省中小学教学名师。关于他的成就，无法用一两句话来概括。他以"学习、实践、分享"为主题进行了分享，向所有在座的实习生提出了实习要求，并阐述了成为一名优秀的教师所需经历的过程。在要求中，他用五个字概括了我们后续要做的事："观"——用一周的时间熟悉老师的工作流程；"听"——用一周的时间掌握老师的课型；"察"——用半个月时间喊出每个学生的名字；"思"——用一个月时间说出每个学生的大概特征；"悟"——用一个月归纳老师的教学风格和教学主张。

这些要求无一不凸显他对实习生培养的负责和用心，同时他还针对不同的课型、不同的教学片段、不同的知识板块，简要讲解了相应的教学流程，也给予了每个实习生期望，希望我们能从准教师顺利成为正式教师。当天中午，我走进了指导老师胡老师的办公室。办公室很大，被胡老师布置得很温馨，很有文化底蕴。最显眼的莫过于那四幅"梅、兰、竹、菊"的画与放得整整齐齐的茶具，以及一个写毛笔字的桌板。想着我即将在这样的环境下工作将近四个月的时间，我开心极了。接着胡老师便带着我走进了初三（14）班的大门，也至此踏进了至善堂的大门。我在进行自我介绍时有些许紧张但更多的是激动，看着一张张天真无邪的面孔，陌生而又熟悉。后来才得知，我是这一届至善堂娃娃们的第五任实习老师了。当天，胡老师就给我下达了一个任务——第二天在他面前讲微型课。说实话，还是很紧张的，毕竟胡老师这么优秀，让我很有压力。当天晚上我准备到很晚，第二天讲完后，胡老师先根据我的板书设计提出了相关要求，并告诉我，板书是引领学生思考的必备工具，一定要改正自己的板书。每次上完课要把自己的板书拍下来看，尤其是刚开始上课的视频也要录下来，方便自己去查找问题，只有这样，才会成长。

第二站：文化育人

班级作为学校文化传承、文化创新和文化育人的主阵地，对学生的成长与发展起着重要的作用。9月后半段时间，我开始跟着胡老师的步伐，初步融入班级。我发现在胡老师的班级中，他非常注重班级的文化建设。班级文化是一个班级的灵魂，也是班风、班貌的充分体现。因此，在班级文化墙的设计上，无一不出自胡老师和至善堂娃娃之手。向班级后方看去，柜子表面贴着几乎不重复的以至善堂为中心的"善词"；从教室大布局看，后方储物柜与讲台上有许多的绿色盆栽，看起来非常养眼，给人非常舒适之感；而向上方看，便是一个大大的墨绿色扇环版面，左右两边写着至善堂的十素养和四形象——"德善仁、学善渊、体善健、事善能"，而中间部分则是班级的集体照片。这样设计的初衷是胡老师喜欢班级的集体照，他要把这个班三年的集体照片全部放在这个墙面上。此外，学生每天要在学校生活将近13个小时，胡老师希望能用这种方式让他们在学校生活和学习中感觉到温暖和动力。

在前面两三周的时间里面，我的表现远远不及胡老师的要求和前四任实习生，使我产生了很大的落差感。胡老师也希望我能够协调好时间，这样才能够学到更多的东西，他的用心和负责我都看在了眼里。慢慢地，我把时间协调好后，开始深入融入班集体。从听胡老师的课、拍胡老师的板书，再到每天一次在胡老师面前讲微型课，自己的板书技能有了很大的提升。虽然依旧不及胡老师的十分之一，但自己已经在胡老师的带领下得到了进步，那么就有收获。在班级管理方面，我也坚持早到学校、晚离开学校，尽可能多地参与学生的生活以及班级大小事务的处理。渐渐地，我开始熟悉班级内的每一个学生，与班级每一个学生都有过交流。

第三站：实践育人

实践之路，向阳而行，助力学生成长发展。时间转眼到了10月，国庆节期间，至善堂开展了丰富多彩的主题教育活动——"行走绿心"与"挣钱不易，还是好好读书吧"的活动。我有幸参与了"行走绿心"的活动，当时队伍很大，既有家长、老师，也有至善堂的每一个娃娃，自然还有帅气的胡老师和他的妻子。从决定徒步走绿心的那一刻开始，每个人心中就坚定了不放弃的信念。胡老师通过这样的主题教育，让学生知道人生的路上有许多困难，只要坚定走下去，就一定会到达成功的彼岸。绿心的道路很短，但人生的道路很长。在人生逆境中，要记得：山重水复疑无路，柳暗花明又一村。10月2日起，胡老师又跟着学生参加了"挣钱不易，还是好好读书吧"的实践活动，关注着每一个娃娃的安全，也体验了拔草等活动。最后，他将学生的实践经历拍照记录，并邀请学生代表从成果、收获、发展这些方面作了汇报。学生们也非常优秀，汇报时侃侃而谈。

从学生的生活中看到学生的成长，为其输送希望和力量。有一位老师告诉我："离学生心灵越近的教师，他离教育才越近。"胡老师对于学生的所思所想非常了解，在树立了一定教师威信后，一步一步深入学生的内心，成了学生的朋友。后来胡老师告诉我，要想和学生成为朋友，就得用心和学生交流。胡老师用了将近一年的时间进行家访，去过班级的每个娃娃家里，并且还做了相关记录，班级最远的、最近的与搬家的他无一不了解。同时他从未因班级哪个学生的家庭而对他们有偏见。他对每一个学生都一视同仁，并因材施教。家长们对胡老师满眼都是佩服和尊重。至善堂的一位学生说，胡老师有一次雨中赶去家访，还悄悄告诉班级一个小姑娘治疗青春痘的"秘方"。可见，胡老师对于至善堂娃娃们的关心细致入微。

第四站：书与教育理念

后半学期，我偶尔空闲时就去翻胡老师放在办公室书架上的书。在众多书中，我一眼瞧见了胡老师写的几本书，最先拿出来的是《课堂行走，行走课堂》。他说，原来，书本是学生的世界，现在，世界是学生的书本。是呀，世界这么大，为什么不去看看呢？我不清楚胡老师写完这本书用了多长的时间，只知道要积累如此丰硕的实践成果，一定需要很长的时间。在书的前几页，便是胡老师带着至善堂的学生们去看"世界"的照片，他们一起走进"3·15"消费者权益保护协会，走进柏杨社区，走进国电乐山供电公司，走进井研污水处理公司，走进乐山市司法局，走进乐山燃气有限公司等。《义务教育数学课程标准（2022版）》提到"三会"的核心素养之一，就是让学生学会用数学的眼光观察世界，胡老师不正在实践着吗？课本知识是基础，不可或缺，而社会、生活中的知识，则源于从新视角对人生丰富经历的感悟。学生能够在行走中成长，在行走中发展。

爱是最好的教育，是欢喜、鼓励和赞赏。我对要成为一个什么样的教师、班主任有了更加深刻的认识。胡老师积极探索着"规则管人、活动育人、文化养人"的班级"三养"管理模式，除了学生的学习成长，他也关注学生的道德成长与身心成长。为实现这三个成长目标，胡老师一直坚持以活动育人、以爱育人。在教室，常常能够看见胡老师打扫教室卫生、给教室里面的绿植浇水的身影。他把教室当作了自己温暖的家也是学生家，他并不觉得自己和学生一起，就一定要高学生一等。慢慢地，受到胡老师的感染，我也会主动在教室里打扫卫生。他说人都是有感情的，要有情怀，学生做的事老师也可以做。后来我发现自己一点也不像一个局外人，我就是至善堂这个大家庭中的一员。班级里的学生让我感到无比温暖，胡老师每天用心负责的教导让我无比感动。胡老师以身作则的育人方式远胜于说教，说100遍不如做一遍。《课堂行走，行走课堂》这本书不仅提到了胡老师带班三年的活动计划设计与活动理念，更重要的是从专业的角度分析了每一次活动的所见、所闻，最后的总结都写得非常到位。胡老师的实践活动可不是作秀，他的每一个实践活动都是从跨数学学科的角度去开展的，这也为我以后成为一个班主任组织实践活动提供了很多有价值的思路。在实践过程中，还需要根据学情与当地教育的具体情况来分析，有的地方也许并不完全适用这些实践模式。胡老师常常说无论做哪一门学科的教研都需要思考，有时候他开车都在思考。

教育教学需要善思与善创。作为一名准教师，我最缺乏的便是思考与创新，跟着胡老师，我逐渐学会思考，努力做一个有思想力的老师。实习的后半学期，我已经非常熟悉胡老师的教学流程以及班主任工作流程。在实习的前半学期胡老师常常听我讲微型课，每天无论多忙都会将一部分时间给我。他告诉我大家都是这么过来的。每一次我讲完，胡老师就会从鼓励的角度针对我所讲的内容提出他的意见和建议。每次上微型课前我便会思考板书如何排版才能更好地启迪学生的思维，如何从导图带领学生构建新知识。胡老师上课很灵活，他会把要讲的知识点前后全部联系起来，让学生非常清楚研究这些知识点的方法、思路等，让学生能举一反三。慢慢地，我真正地理解到"教无定法，贵在得法"的含义。

第五站：青春运动会

智增多读书，身强勤锻炼。11月初，实验中学的学生举行了三天的期中考试。考试结束后便是运动会，据说本次运动会进行了一些改革，为增强仪式感，实验中学设置了金牌、银牌等奖牌，以前则都是奖状。而且，这次胡老师要给班级体育前三名的学生发奖金。因为胡老师知道，至善堂的娃娃体育好，学习才能好，身体是革命的本钱。

运动会开幕式上，我见证了班级学生朝气蓬勃的精神状态。其实，早在两周前，胡老师就已经开始筹备了，但据说这还是这几年来最简单的一场开幕式。当然，这次开幕式也有我的参与。非常荣幸，能够为至善堂做自己力所能及的事情，但这距离胡老师所做的还相差较远。

运动会以"感恩"为主题，班级每个学生都有一个爱心纸片，纸片上写的是自己的感动瞬间。胡老师希望学生们常怀感恩之情，在改编的歌曲中最能体现至善堂精神的一句是"厚德正生，臻于至善"。学生们走在运动场上，感觉都非常自豪。即使开幕式没有说要打分，但胡老师对于这些细节都是用心去做的，他认为每年的运动会就应该有不同的主题、不同的收获。开幕式结束后，便是啦啦操、跑步等比赛活动，班级学生每个都笑脸洋溢，胡老师也不例外。下午，我看到班级学生一个个拿下荣誉，非常高兴。

第六站：我的教学周

在忙碌中体会职业幸福感，既爱烟火平常，也怀星辰理想。11月29日，胡老师请了几天假，由我代课4天，肩负起教学任务。在这4天里，胡老师每一天都会打电话关心学生的情况，即使他已经身心疲惫。在代课的4天里，我负责讲解二次函数。基于班级优秀的基础情况，我为了让整个教学环节流畅清晰易懂，几乎每晚备课到深夜。我反复思考如何讲解更透彻，如何运用思维导图帮助学生理解。第二天若有时间，我还会在小黑板上练习，确保讲解无遗漏、思路清晰。尽管忙碌到几近崩溃，但看到学生专注听课的模样，我深感幸福。教师职业本就忙碌，但怀揣星辰理想，便有了精神支撑。课堂上，我交替使用多媒体和板书，但更偏爱后者。画满黑板的思维导图让我倍感成就。课后，我常与学生交流，听取他们的感受和建议，并录下课堂内容自我反思，发现语言表达不够精炼、课堂激情不足等问题。

所遇皆是美好，感谢为我执灯的你们。副班主任魏老师、化学黄老师等给予了我诸多帮助。黄老师像大姐姐一样分享她的从教经历，让我明白教师生涯中会遇到各种挑战，唯有直面问题、解决问题，才能不断进步。

11月，我有幸结识了王飞老师、徐宏伟老师以及七年级的杨雨竹老师。杨老师专业扎实，善于学习，我还去听过她的课。能在实验中学遇见这些优秀的教师，我深感幸运。

12月6日，胡老师提前返校，再次见到他，亲切感油然而生。这种情感需要时间培养。初来学校时，我觉得胡老师高冷，不敢与他交流。但相处久了，我发现他原则性强，却温暖贴心。我吃过他带的橘子、自家种的柿子，还有他参加喜宴带回的喜糖。他像一位父亲，希望我们更加优秀。记得有一次我在他面前讲微型课，被他严厉批评。看到我进步缓慢，他也着急。事后我深刻反思，逐渐减少课堂上的"废话"，聚焦重点，力求精炼。

第七站：12月的成长期

12月的一天，胡老师遭遇了巨大的打击——他的妻子永远离开了他。胡老师未能到校的这两天，我再次承担了部分教学和班主任工作。我心情沉重却无能为力，也明白此时不让胡老师为班级操心便是对他最大的帮助。

  班上的学生懂得感恩。当晚，有学生提议录制视频表达对师娘的缅怀。这群孩子在胡老师的带领下迅速成长，平时看似幼稚，关键时刻却比我们想的更加周到。这段时间，我不敢打扰胡老师，只能尽力做好班级事务。即便如此，胡老师仍会打电话询问班级和我的情况。经历了如此沉重的打击，他依然迅速调整状态，挂念自己的学生。

  教育是一棵树摇动另一棵树，一个灵魂唤醒另一个灵魂。从9月13日至今，近四个月的实习既漫长又短暂。冬天终将过去，春天必会到来。最后，我想对学生说：明年六月，期待你们的好消息。那个夏天，我也将与你们一同毕业，踏上教师岗位，开启职业生涯。而你们将迎来人生的第一个转折点，迈向理想的高中。这三年是你们难忘的旅程，而我与你们一样幸运，遇到了胡老师这样时刻将学生放在心尖上的班主任。他亦师亦友，如摆渡人般引领我们前行。他付出的远比我们想象的更多，他用他的灵魂唤醒我们的灵魂。愿大家珍惜这来之不易的时光，怀着感恩之心迎接未来的每一场挑战。

终点站：教育的初心

  胡老师在教育生涯中不断发光发热，享受着职业的幸福。在实习即将结束之际，我想对胡老师说：初识您时，您给我一种强烈的压迫感，但随着时间推移，我逐渐被您的人格魅力吸引，被您求真务实的精神感动。从学生口中，我听到他们对您的评价——人超级好，虽然对大家很严格，但对班级事务用心，关心每一个人；从其他科任老师口中，我听到他们对您的认可——责任心强，在照顾家人的同时，每天往返成都与乐山，只为多上一节课；从家长口中，我听到他们对您的感激。在我眼中，您是一位有仁爱之心、注重仪式感、充满思想力与人格魅力的老师。未来，我希望能将这段实习所学践行于教育领域，让其生根发芽。

  山水一程，不忘师恩。学而不思则罔，思而不学则殆。在您的指导下，我在学习与实践中领悟教育的真谛。我珍惜每一次实践机会，在实践中成长，在成长中实践。受您感染，我学会了"择一事终一生"的执着与"干一行钻一行"的专注。在您的建议下，我每次上课都录下视频，课后反思改进，收获颇丰。您让我深刻理解"数学是千教万教教人思考，千学万学学会思考"的内涵。通过实习，我在教学、班级管理、班主任工作、为人处世以及与家长、学生的关系处理上都有了显著进步。您常说，我们无法让所有人满意，但要做到问心无愧。是的，您一直在实践中前行，未来我也将在教育路上不断实践与沉淀，用爱育人、用心育人。

谢谢您，胡老师，在通往幸福的教育路上，我们都是追梦人。

指导教师寄语：在将近四个月的实习期里，我看到了你在实践中的成长，体现在教学上、班主任工作上，以及为人处世上。在我们的共同努力下，你谨记胡老师的每一句话，并不断去践行着，从最开始的不规则板书到现在的小型思维导图，理解到思维可视化带给教学的好处，你在不断学习，也在不断进步。教育是用一个灵魂去唤醒另一个灵魂，做教育的人不仅仅是要教好书，更重要的是懂得如何走进学生的内心，从学生的全面发展出发去思考教育的本质。教育教学的过程是漫长的，相信你能在未来的教育之路中找到一份属于自己的教育职业幸福感，做一位优秀的人民教师。（乐山市实验中学　胡同祥）

带队教师寄语：捧着一颗心来，不带走半根草去，这是教师无私奉献的精神。在实习期间，我看到了你的奉献精神，在指导老师很忙时，你毫不犹豫地担起班主任工作和教学工作。你说：虽然每天很忙，但看到学生渴望知识的眼神和得到家长们的认可时就感觉好幸福。从你的谈吐中我看到了一位闪闪发光的职前教师，相信未来的教育生涯中，你一定会比现在做得更好，比现在做得更成功。（乐山师范学院音乐学院　董乐）

教学同行，蜗行不止

◎特殊教育学院 杨 梦

通过这样一次教育实习机会，我遇见了双流区特殊教育学校（后简称"双流特校"）里一群可爱的"小蜗牛们"。在三个多月的互相陪伴中，我领悟到了什么是"慢教育，真人生"，理解到了"孩子为什么要这样做"，体会到了我自己应该怎么想的三个阶段。花儿的颜色不一定五彩缤纷，双流特校的学生用自己独一无二的颜色点缀着我的教师梦，我心中的梦想也随之慢慢发芽。时光荏苒，这段令人难忘的美好时光虽已告别，但我期待着更好的重逢。

当十二月的冷风吹拂着我，我恍惚间清醒，发现我已经在身后的双流特校扮演了三个多月教师的角色了。我转身望去，就是这样一个充满爱与温暖的地方，让我即将离别的不舍之情达到顶峰。

双流特校是我教师梦的起点。在双流特校的一切美好都仿佛发生在昨天，现在回想起没收到实习学校开学通知的那几天，我总是会胡思乱想——害怕自己无法适应真正的特校生活，或是自己在大学所学的理论知识有所欠缺而无法付诸实践等。

如果需要用一个简短的主题来概括这篇随笔，那我觉得"教学同行，蜗行不止"来形容它最合适不过。

随着上课铃响起，我来到了培智四年级。干净敞亮、环创丰富是我对培智四年级教室的第一印象。我和班主任彭老师聊了几句，彭老师是一个很随和、很温柔的老师。在报到的第一天，彭老师给我简单介绍了班级的学生情况。我还记得当时班里的学生都向我这位"陌生的到访者"投来了好奇的目光。从那一天开始，我也有了一方小小的天地，开始了我的首次校外实习生活。

在九月剩余的几天和整个十月，我大部分的时间都在慢慢地了解校园和班级文化。校园文化方面，双流特校以"蜗牛主题"为校园文化，并且将小蜗牛的可爱形象渗透于师生教学的各个方面。双流特校秉承"慢教育，真人生"的办学理念，坚持"尊重个体需求，提供专业服务，发展学生潜能，提升生活品质"的办学目标，以"回归真人生，享受慢成长"为育人目标，以实现"蜗牛的梦想，放慢的教育"为办学特色，大力推进课程改革，全面实施素质教育，逐步彰显学校"慢教育"的蜗牛文化特色。学校以残障学生个体发展为基础，在对学生进行思想教育、文化教育、康复训练的同时，充分尊重每个学生的发展需要和可能，开展学生生活适应、社会适应及职业技能培训教育，积极为学生将来有质量的生活奠定良好基础。在双流特校里，随处可见可爱的小蜗牛形象无时无刻不在陪伴着各位"小蜗牛"成长。每周一的国旗下讲话，我都会认真地聆听每个蜗牛班的讲话主题，讲话人并不是走形式，而是在老师的带领下，用真诚的态度通过最纯真的方式向学生传达勇敢自信地面对每一天的道理。

班级文化是班级的灵魂，是师生共同营造的精神家园。在实习的这段时间里，我逐渐认识到，班级文化的构建离不开对每一位学生的深入了解和个别化教育计划的精心设计。作为班级的新成员，我通过观察和实践，深刻体会到这种教育理念的重要性。在实习笔记中，我详细记录了班级几位学生的个别化教育计划，尤其是那些需要特别关注的孩子。在我们班，孤独症是障碍种类中人数最多的一种，共有五名学生。以下是我对其中两位孤独症学生的观察与思考。

在画纸中寻找成长的光

我印象最深刻的是小月（化名）。由于小月这学期才从普通小学转入双流特校，她在刚到这个新环境的那段时间表现出很强烈的反抗和逃避情绪。因为我对孤独症孩子的教学经验近乎为零，一时不知所措，于是我开始观摩学习班级老师采取的措施。小月典型的刻板行为之一是以抓伤自己或大声尖叫来"威胁"老师，迫使老师在她的任何要求上妥协。在这种情况下，曹老师选择首先确定她的强化物。在大学期间，"强化物"一词无论在心理学还是在特殊教育基础理论知识的相关专业书中被多次提到。经过一两周对小月的观察，我发现无论是课间还是上课时，小月对绘画都表现出强烈的兴趣。因此，我将"画纸"作为她的一个重点强化物。

随之而来的首要问题则是"如何正确使用强化物"。以前在书本上学习的知识终于得以实践。

首先，强化物的使用时机应遵循一定的标准，不能滥用。曹老师制作了一张视觉提示图，图中包含两个行为带来的两种结果。行为一是发出尖叫或抓伤自己，每次获得一个叉（代表否定和批评的意思）。行为二是坐得端正并积极回答问题，每次获得一个勾（代表肯定和赞同的意思），最后以5个勾兑换一张画纸。通过后续观察，我发现这是一个很有效的方法。这种方法合理地结合了正负强化，在督促小月学习的同时也对课堂秩序的维持起了很大的作用。

其次，强化物的发放需要及时。小月每次向老师兑换奖励的时候是最开心最听话的，如果老师不及时发放奖励，会让她形成一种对强化物的"获得动力不强"的印象。

孤独症孩子的特征多种多样。小月还有一个突出的刻板行为是重复地询问他人一些问题，如"为什么爸爸妈妈说四川话，老师说普通话""妈妈温柔还是老师温柔""我用哪支笔画？画圈圈还是点点"……起初，我以为这是她求知欲强的表现，但后来发现她并不在意我的回答，只是单纯地提问。有时，如果我不予理睬或回答不符合她的期待，她便会尖叫和抓伤自己。

经验欠缺的我向老师请教，老师告诉我，小月是在寻求他人的关注和找寻自身的存在感，这是特校里一部分孤独症孩子的典型特征。彭老师建议我，当她对我进行无意义的提问时，给予"不理睬处理"的回应；如果她做出不良行为，则通过画叉叉的方式警示她，必要时采用合适的方式进行惩罚。

在"告状"与"关注"之间，探寻教育的智慧

和小月的情况有点类似的，是班上的另一个孤独症孩子图图（化名），他属于班级里的A层学生（学习能力以及各方面能力属优等），但是他同样喜欢寻求存在感和博取关注。他的典型刻板行为表现为，无论何时见到我，都会拉住我的胳膊叫我"杨老师"，但是却没有伴随具体的需要表达。图图这种喜欢与他人亲密接触的举动，让我很苦恼。

此外，图图经常在我这里"告状"。在一开始我并没有询问事件原因，只是了解事件的经过，而后口头责怪"欺负"他的同学，图图对于我这种行为表示特别的开心。我后知后觉，他喜欢看他人被惩罚或是被责怪的场景。我一开始以为这不是一个常规定义的坏习惯，便没有特别的在意。直到有一天，我不经意地发现他故意走到别人的面前，做出一些"诱导"他人轻轻碰他的行为，

然后便第一时间找到我"告状"。我第一次看到这种行为，有点不知所措，但是内心在告诉自己要公正处理。我向图图表示我看到他做出的一系列行为，并指出他这种行为是不对的。图图有一定的理解能力，但不能完全理解我整句话的意思。最后我对两个人都给予了同等的批评教育，在此之后，图图类似的行为有一定的减少。

因材施教，记录"小蜗牛"的成长

陶行知先生曾谈及因材施教的相关看法，他提出："人像树木一样，要使他们尽量长上去，不能勉强都长得一样高，应当是：立脚点上求平等，于出头处谋自由。"[①] 这两个孤独症学生的例子，让我深刻地明白了个别化教育计划的重要性。因人而异、因材施教的意义也体现在此。尽管他们面临的障碍种类相同，但每个学生都是独立的个体，教育计划绝不能混为一谈。

就目前情况而言，小月的违纪现象还是会出现很多次，仍不能很好地控制自己的情绪。但从入校到现在，在班级常规方面她改正了很多，知道了在班里哪些事情可以做、哪些事情不能做。对于她下一步的教育计划，便是让她在课堂中积极学习知识，在这个过程中，不可缺乏与家长的联系和交流。

图图是班级同学学习的榜样，我们作为教师，需要帮助他充分地发展他的主观能动性，在一些小问题上面及时纠正并教育。

我的前半段实习生活渐入佳境，学习了很多特校的教学方式和与学生的相处模式，在引导学生向正确方向发展的同时，也时刻提醒着自己：教育是一个连续性、阶段性、长期性的任务，绝不可以揠苗助长。

我在平时观摩彭老师上课的过程中，发现她是一个对待课堂很认真的人，她对课堂的认真态度令人钦佩。无论是课堂练习还是课后作业，她都会根据学生的不同层次精心设计内容。她认为，作业单的设计需要结合语文课标，涵盖"听、说、读、写"四个部分，并且考虑到本班学生的语言表达能力较弱，作业单中会加入大量图片而非全文字，帮助学生更好地理解和完成任务。彭老师将分层教学和因材施教的理念贯彻到底，充分体现了对学生个体差异的尊重与关怀，这也是我最想学习的地方。

曹老师是我们班的数学老师，她的课堂可以用"细致求精"来形容。在进

---

① 陶行知：《陶行知文集》，江苏省陶行知研究会编，江苏教育出版社，2008年，第434页。

入特校实习之前，我对生活数学一直心存"恐惧"，或许是大学试讲时的挫败感，让我对数学教学有些望而却步。然而，曹老师的课堂彻底改变了我的看法。

数学课标强调，数学学习应帮助学生获得适应未来社会生活的重要知识和技能。曹老师在教学"11 到 20 各数的认识"时，巧妙地将抽象的数字与日常生活中的物品数量相结合，通过小棒、圆片等教具，将数字转化为直观的数量。她还根据学生的学习能力选择不同的教学方式：A 层学生独立完成任务，B 层和 C 层学生则通过十格阵摆圆片来理解数字概念。

另外，曹老师独具一格的上课风格也深深地吸引了我。在课堂中，她会创设风趣幽默的情境让学生自然而然地进入数学学习的氛围中。慢慢地，在曹老师的影响下，我对数学的教学重新充满了自信，我相信在仔细分析课标，结合学生实际情况的基础上，自己也能将数学原理经过转化更加直观地传达给学生。

叶老师是我们班的生活适应老师。生活适应课和生活语文课的相似程度很高。生活适应的课程性质总结为生活性、实践性和开放性。培智学校生活适应课是一门帮助培智学校学生学会生活、融入社会的一般性课程。生活适应课可以培养学生生活自理、从事简单家务劳动、自我保护和适应社会的能力，帮助学生养成健康的生活方式。叶老师在教学的过程中，充分发挥学生的主观能动性，选择了大量生动形象的图片和视频，通过通俗易懂的讲课方式提高学生的认知能力。课堂中往往充满欢声笑语，教学氛围十分融洽。

我在讲完第一堂课——"家人的工作"时，叶老师指出我的教学节奏过快，内容过于简化，没有充分考虑不同层次学生的差异。她建议我观摩微课，多选择一些生动有趣的课堂活动，或选择形象直观的教具，让课堂多元化。

在双流特校的日子里，我不仅参与了唱跳与律动的课程，还积极融入了绘画与手工、艺术休闲的教学活动。在这些课程中，我跟着培智四年级的学生们一起学习跳操和乐器，增进了师生感情；在绘画与手工、艺术休闲的课程中与学生们一起动手绘画涂色、制作黏土，一起度过学习之余的快乐时光。这些经历不仅让我收获了知识与技能，更让我深刻体会到其他学科老师独特的教学风格和教育理念。

融合教育中的生命律动

在双流特校的时光如同浸润在生命教育的溪流中，校内实习生活多姿多彩。十一月中旬，我参加了很多教师集体活动。尤其是双流特校等承办的2022年成都市"体育复健进校园"西片区特殊教育学校特殊奥林匹克运动项目邀请赛（以下简称"特奥运动项目邀请赛"）在双流体育中心隆重举行，我和其他老师们一起排练出场舞，排练手语舞。

本次特奥运动项目邀请赛共设三个比赛项目，分别为特奥足球、特奥旱地冰壶和特奥滚球。绿茵场上，来自各区县的运动小将们拼抢积极，配合默契，士气高涨，尽情挥洒汗水，把敢于尝试的勇气和拼搏的精神留在了赛场，留给了大家。三个项目的比赛在激烈的角逐中落下帷幕，来自7个区县的学生用汗水和笑脸、阳光与青春、自尊与自强书写了赛事的绚丽华章。

家校共育的实践让我领悟到教育闭环的重要性。批改作业时发现的代写现象，折射出家校协同的薄弱环节。而延时服务的多样性——从绘本共读到黏土创作，从感统训练到音乐疗愈——这些看似零散的碎片，终将在时光的沉淀中拼凑出完整的成长图谱。

双流特校的延时服务和康复训练十分丰富。康复训练包含很多特色项目，比如动作康复、语言康复。针对残疾程度深的学生，学校会配备一对一的教康训练，做到真正的"教康结合"。周一到周五下午的一个半小时的延时服务本身就被赋予了多样性。师生可以绘画、涂色、剪纸，天气不错的话还可以去操场进行体育锻炼，学生可以听老师朗读解说绘本里的小故事等。

特别触动我的是小小（化名）的经历。听老师介绍，小小以前有主动的语言表达，并且也有符合他年龄段应有的认知能力，但是随着年龄的增长，到了目前的四年级，我所看到的小小却是一个把自己封闭在自己世界里的孩子。小小"退化"的轨迹警示着我们：特殊教育需要持续的专业干预，正如逆水行舟时的精准把舵。

指导教师寄语：你是一名好学勤奋的准特教教师，在实习的过程中，你既主动参与学生的学科教学，又陪伴着他们快乐成长，同时也是我们的好帮手。我们经常一起讨论不同类型学生的学习特点，以制订更能帮助他们发展的教学计划。你的讲课生动又形象，课后会进行积极的反思和总结。从这一篇娓娓道来的随笔中，仿佛与你的相伴时光重现了。你是一个很有爱心和耐心的人，我相信这段经历你也很难忘却。希望你以后的教师之路越走越顺利，遇到有教学相关的问题，我们可以一同探讨。（成都市双流区特殊教育学校　曹娇）

带队教师寄语：从你朴实简单的字里行间，我仿佛看到了一个个努力又坚强的"小蜗牛"形象。他们是一群勇敢、幸运的孩子，因为有像你这样负责认真的教师，和他们一起在学习中成长，在玩乐中留下美好的回忆。我相信你会成为一位优秀的特教教师，从日常生活陪伴到学科教学，你总能从过程中总结出自己的感受和体会。我希望你能永远保持着爱学生、爱特殊教育的初心。（乐山师范学院特殊教育学院　刘琴）

知教技，懂育方，而成良师

◎外国语学院　曹慧洁

在为期四个月的教育实习中，我重温了高中校园丰富多彩的生活，收获了快乐和经验，也遇到过困难和挑战。从一开始的怀疑与不安，到最后的从容与不舍，都少不了学生、老师与学校的参与和帮助。在乐山一中实习的这段日子里，我触及了许多我在师范生培养过程中，在英语教学工作和班主任工作方面曾忽视和未涉及的工作或领域，也明白了如何成为一名优秀的英语教师和班主任。我相信，这次教育实习的经历与所感所想将永远留在我的心里，成为我生命中最珍贵的财富之一，激励我不断追求进步，努力去弥补自己每一个不完备的地方。

作为乐山师范学院英语专业的学生，我理应在大四上学期按照学校安排开始正式的实习，但我为了能够平衡好考研与实习的需求，申请了第二轮实习，也就是在大四下学期实习。这个决定也让我有幸遇到乐山一中的肖雪老师和谢海荣老师。在为期四个月的实习中，我重温了高中校园里丰富多彩的生活。学生们课间的欢声笑语，每天上午第二节课后的课间操，中午下课铃响后的食堂抢饭，以及青春洋溢的运动会，都是我高中也有的美好回忆。而这次，我是以实习老师的身份去体会的，感受尤为特殊与深刻。虽然实习前期我遇到了一些困难，但在肖老师与谢老师的帮助下以及20、21、25班良好的班级氛围中，我渐渐地适应了高中英语教师与班主任实习生活，也渐渐知道了在英语教学和班主任工作上怎样做到最好。为了在今后的学习、生活、工作中能够不断地进步，我将我的所感所想分别从教学工作和班主任工作方面进行叙述。

知教技

其实最开始，我的实习目标是初中英语教学，在校学习期间接触最多的也是初中英语教学，但阴差阳错地，我进入了乐山一中这个在乐山数一数二的高中实习。也正是这出乎意料的变化，带给我前所未有的挑战与成长进步的机遇。为了更好地做好实习工作，我早早地写好了教学工作实习计划与班主任工作实习计划，希望能够尽快适应高中的快节奏，但在实际的实习过程中，我还是面临了前所未有的挑战。众所周知，高中英语教学与义务教育阶段英语教学相比，难度有很大的不同，关注点也有差别。特别是在新高考改革下，高中英语教学目标所要求的词汇量、语言能力与文化素养等较以前都有了飞跃式的难度提升。我所实习的班级学生可以算是乐山高中生中的拔尖人才，这样的班级对于教师的能力要求也更高。我的英语教学指导老师肖雪老师，不仅有着极为优秀的教学能力，也有着洞察人心的感知能力。在我进入乐山一中的第一天，她就很快看出了我对于自己能否做好高中英语教学工作的怀疑与不安，主动和善地与我交流，向我介绍起了乐山一中教学组的各位优秀老师，并向我说明了最近一周教学组的工作，安慰我高中英语教学并没有想象中困难，有不会的就多问多思考，一定要有信心与魄力去做好这份工作，不断地进步。我也因此重新调整了自己的心态去应对挑战，并且在肖老师的榜样示范下，我学到了英语教学方面很多优秀的技法。

1. 改善课堂质量需要提高教学策略的针对性

无论是英语还是其他科目，课堂都是高中学生日常学习生活中的核心部分。因此，每一位老师都应该思考如何充分利用 40~45 分钟的有限课堂时间，在教授知识的同时对学生各方面能力进行培养，实现课堂效力的无限扩充。

要想实现课堂时间的有限而效力的无限，首先，教师需要对教学阶段与学生特点有正确的认识，运用不同的教学方法因材施教。我在听肖老师讲了两次课之后，深刻地感受到了高中教学不同于初中小学阶段的教学节奏，学到了很多书本上所没有的东西。小学与初中更多考虑学生对于课堂的关注度，而高中英语则要让学生有更多输入与输出知识的机会。还没有分班时，肖老师所带的班级一个是平行班、一个是火箭班，两个班学生的水平有细微的差别，我在听课的过程中知道到了对待水平不同的班级应该有不同的教学方法和内容。对待平行班要采用更加幽默诙谐的教学方法、教学活动和教学语言，吸引学生参与到课堂当中，使学生能够在不断参与中潜移默化地学会新知识。当学生勇敢地用英文说出自己的想法与答案时，要进行鼓励与赞扬，使他们能够更加自信，进而在今后的学习中能更加积极主动地参与到课堂。在进行知识讲解时，速度也比在火箭班更慢一点。遇到较难的题目，要更详尽地解释。对待火箭班，讲授的速度更快、知识量更大，且新知识要高于学生知识水平，但又不能超过他们所能接受的范围，也就是要在学生最近发展范围内，使他们能够拓展自己的能力。

其次，不同的英语课堂课型，侧重点有很大的不同，要针对不同课型去设计多彩的活动，并采用适当的教学手段。我所听的第一节课是单词课，乐山一中的学生有一本高中三年都可以用的单词书，这本书上不仅有高中三年书本上的新单词，也有这些单词的解释与拓展，其中包括近义词、反义词、形近词以及造句等内容。每次肖老师讲完一个单元后，都会对这个单元的所有单词进行讲解与测试。一个值得我学习的点是，除了年级统一的单元单词测试总单，肖老师还会手写单词测试单后复印给学生进行反复测试，并且会进行评分和记录，让学生知道自己的测试情况和学习状况，以帮助他们及时改进。此外，单词测试单也不能直接发给学生写，肖老师会在课堂开始的前几分钟带着学生复习一遍单词当中的重点与难点，再让学生当堂测试，这无疑对学生记单词有很大的作用。对于语法课这种比较枯燥的课型，需要在讲课过程中走下讲台进行巡视和指导，对于句型的讲解也不应停留于老师的讲与学生的听，可以采用挖空和找规律等形式，引导学生进行思考与归纳。在语法课的后半阶段，学生可能会产生疲惫与烦躁的情绪，这时，可以采用学生齐读的方式，使学生稍微得到休息，以助于之后专注于课堂。语法课也不是只讲授语法，在实际讲述当中，还可以将语法与作文联系在一起，遇到一些重要的单词和句型时，可以讲解其在作文当中的用法并举例。肖老师能够很好地平衡学生知识与能力的培养以及应试能力的提高。她在评讲每周的周练时，除了在周练题基础上，帮助学生扫清单词和长难句障碍、厘清语篇结构和逻辑，以及对每一篇阅读、完型与作文所蕴含的情感进行详略得当的解读以外，还注重培养学生的解题技巧，比如略读、详读、定位、长难句寻找主谓，以及遇上突变时的稳定心态。她还常常给学生补充讲解成都优质学校诊断题和高考题，让学生区分各个考试之间的不同，学习考试文章所特有的英文表达。肖老师还会带着学生厘清文章的题材结构，请学生分析每一段的内容，对照每一个选择题的选项，指导学生找到对应的语句，请学生分析自己做题的思路，并对错误的思路进行纠正。这些举措旨在通过让学生回答，培养其读与说的能力。在学生回答的过程中，肖老师不会对学生所说的内容进行总结与复述，这样做的目的是让其他学生认真倾听。这种方法不仅培养了他们听的能力，也培养了他们正确的学习方法，积极思考，而不是依赖于老师的讲授。这样做既能让学生更好地应试，也能让学生得到更深层次的素养培养。对于听说课，可以在听力活动之前讲解一些新单词，说明题目的要求或者运用举例来给学生打样。在活动过程中站在学生的角度，帮助学生进行连读、弱读的分辨。在听的过程中，注意培养学生的表达能力，运用开放性的问题，来引导学生深入思考，开拓思维，使学生不仅会看、会听，也会将英语运用到实际交流中。在听力活动之后，当学生运用材料回答问题、改编和独立表达时，适当运用手势来给学生进行语言表达的提示与指导，还需要对听力文本进行分析和扩展，从而提高学生的口语能力和写作能力。对于阅读课，现在的英语阅读教学比较重视语篇教学，肖老师在教授一篇新文章时，往往最先引导学生去分析语篇的结构和逻辑，让学生对文章的大意和语篇类型有一定的了解。比如在教授第三单元的"a game for the world"语篇时，她设计了关于文章结构思维导图的选择题，并且对文章中足球盛行的三个原因以及三个例子做了详细讲解，以使学生更好地掌握该语篇的特点；还对文章的衔接手段、修辞手法以及前后呼应等特点进行了讲解，将重视文章结构与语篇的思想贯彻到底。同样是第三单元的"a game for the world"语篇，肖老师在导入部分运用了本班运动会中的跑步和跳舞视频来吸引学生的注意力，使学生对于即将学习的内容有更大的兴趣。这种对于导入部分的处理方法，是我需要学习的。

2. 改善作业效果需要更新作业设计和批改方法

作业是教学必不可少的重要环节，设计出巧妙的作业与认真对待每一次作业是教师的基本工作。对于日常的作文作业，肖老师会注重学生独立写作前的一些活动，如组织小组讨论一些驱动型的问题，在引导学生进行头脑风暴的过程中，会给一些错误的例子和好的例子，使学生能够体会到好的例子的优秀之处，形成对比以便加深记忆。然后肖老师会指导学生进行读写结合，对文本进行学习，了解语篇结构、写作要点和必备词汇，为学生提供参考模板和知识框架。肖老师还会告诫学生，要注意作文审题，尤其是要注意作文的对象、要点、人称、时态等。学生完成写作后，肖老师会把每位学生的作业收起来进行浏览，然后利用课堂时间将8到10位同学的作文投影到多媒体上，当着全班同学的面进行批改。这样做的目的是让学生意识到大多数同学都会犯错的地方，并且在自己写作时能够有意识地避免这些错误，也希望学生能够通过优秀作文反思自己，以优秀作文为范本，得到启发。最后，肖老师会给出一些优秀的范文,指导学生在早自习时进行读背。肖老师在布置作业时会关注学生多元智能的发展。比如第一单元有关学生喜欢的菜肴的作文练习,肖老师并不是直接让学生写一篇有关菜肴的作文,而是让学生按照所给的材料模板制作菜单海报,这样能同时锻炼到学生的人机智能、音乐智能、语言智能和空间智能等多种智能。在学生进行制作之前,肖老师指导学生利用网络搜集相关资料,要求学生设计出语言得体、内容翔实、排版精美的作品。肖老师对学生作品的评价也是多元化的,不是单一地用传统的一张卷子或者一套方案去考查学生,而是结合多种评价方式,开展多维度的自评、他评、互评。对于作业的批改检查,肖老师每一次都会记录没有很好完成作业的学生,会把他们叫到办公室进行教育与引导,并且每个月会将学生的作业完成情况发到家长群中,让家长及时进行干预与敦促,形成良好的家校合作。

3. 学生突破学习障碍需要教师助燃

学生总是会在学习过程中遇到各类问题,这时,需要教师对学生学习习惯、学习方法与学习心态进行指导。当部分学生英语课打瞌睡时,肖老师会对学生进行提醒,比如敲敲黑板、走下讲台在座位过道来回走动、拍拍学生肩膀、讲课声音抑扬顿挫、抽学生起来回答问题、讲幽默笑话等。当学生做笔记乱七八糟时,她会要求学生准备好黑、蓝、红三色笔,以及多色荧光笔、笔记本和纠错本,以便划分复杂句子成分和勾画重点短语句型,让学生在高考总复习阶段有专属于自己的复习资料。在当堂批改作文时,肖老师既能避免自己的思维被学生绕进去,又能敏锐地察觉到学生害怕丢脸的心理,安慰学生犯错并不可怕,可怕的是不知道自己错在哪里,告诫学生应该珍惜当堂批改作文的机会。当学生感到迷茫时,肖老师会让学生记录"自己每次考试成绩及排名,写好自己的周目标、学期目标以及学年目标,并命名为"××成长档案",使学生能够清楚地掌握自己学习的状况,有清晰的目标与成功的决心。

学生可能会遇到久久不能突破的瓶颈期,肖老师会深挖教材、研究学习方法来使学生在课堂学习中有更高的效率。她在设计教学活动以及寻找素材时,总是会把外研版、人教版及其他版本的教材进行融合,重视学生的思考与输入输出的结合,利用每天下午最后一节自主活动课组织学生开展英文原著的读书活动和汇报演讲活动,让学生能够积累地道的英文表达,勇敢地在讲台上进行演讲。慢慢地,学生的相关知识得到了积累,能力也得到提高,渐渐突破了瓶颈。此外,对于语法学习,肖老师会思考或者搜集相关记忆口诀,使学生记忆效果更好。

肖老师曾对我说,教师不能受限于教学阶段的知识,要养成终身学习的观念，否则就会被时代的发展淘汰。这对于学生也适用，学生的能力不能仅仅停留于考试，要高于考试的要求，这样才能突破考试中可能遇到的障碍。这一点在肖老师培养学生的听说能力上体现得淋漓尽致，她会使用大学英语专业性考试题来给学生练习，教给学生速记符号和简写单词等技巧，让他们学会用意群逻辑来梳理听力文章。要想学生突破自我，就要不断地刺激与鼓励他们，不断地给予他们机会，从不想说到想说，从不敢说到敢说，歌唱比赛和配音比赛是肖老师培养学生英文兴趣和高阶能力的一个方式。

4. 实现学生价值观塑造需要教师基于教材挖掘

利用课堂时间和教材内容对学生进行情感、态度与价值观培养是英语教学三维目标之一，教师应该深入挖掘与探讨教材内涵，利用教材中的语篇内涵磨练学生的意志，陶冶学生的情操，培养学生丰富的情感、积极的态度和正确的价值观。在前面我谈到了肖老师针对不同课型有不同的教学方法，但每一堂课都有一个共同点，那就是关注学生的品性塑造。比如，肖老师在讲到"a game for the world"这一单元时，她不是仅仅停留在足球运动这样的表层含义上，而是升华主题，给学生拓展了世界杯图片的含义以及第二次世界大战期间作战双方因为足球成为朋友的故事。在讲到"name plate"以及"sleeve"时，肖老师谈到了自己从完全听不懂英语到后来慢慢地成为英语教师的过程。在我制作第六单元"sharks: dangerous or endangered?"一课的PPT和教案时，肖老师也对我进行了专业的指导，帮助我挖掘除了保护鲨鱼之外还需要对学生进行价值观培养的内容，如是否应该对所接收到的网络信息全盘接受。这也让我更加意识到了自己的不足，决心在以后的教学工作中更加注意教材本身对学生品性塑造的功能，做到从不同角度去深入挖掘与探讨教材内容。

以上四点便是我在肖老师的实际教学过程中所关注到的值得我学习的方面，这四点远远不足以概括肖老师在教学方面的过人之处，但我所反思到的这些教学策略已经足够我去慢慢体会。我将在今后的工作与学习生活中不断尝试与反思，充盈自己，力争优秀。

懂育方

我的班主任老师谢老师在教学和班级管理上都是极其优秀的，他所带的班并不像一些高中班级因为压力大而死气沉沉，相反，整个班级洋溢着轻松愉快的氛围，但该有的规矩与纪律一样也没少。我时常好奇，谢老师是如何把班级管理得如此好的。后来才知道，他在进行班主任工作的一开始就和学生一起讨论、确立了班级的目标，培养学生的集体荣誉感，督促学生正常有序地进行早读、早操、晚自习、周练、卫生打扫等，帮助学生养成良好习惯。作为班主任，他尽力去了解每位学生的性格特点、学习现状、学习态度、学习习惯以及家庭情况，做好因材施教和对学生的个别教育工作。此外，他还合理地利用学校活动以及班会活动来加强对学生的德育培养。在实习过程中，我知道了要想做好班级管理工作，就要学会用正确的言语和方法去处理学生问题。比如，谢老师在面对学生不交作业、上课不活跃、不积极思考、早自习懒散等问题时，会及时地指出并严厉地给予批评，学生习惯的养成大多需要别人对其进行严格的监督与约束；在谢老师知道偏科的学生闷闷不乐时，会例举自己以往班上那些赶超别人的后进生事迹，温柔地对学生进行鼓励，并在之后的日子里对学生学习状况进行回访；对于因为成绩突然下降而失去学习兴趣与动力的学生，谢老师也会对他们进行引导，帮助他们对失败进行正确的归因，并且给予他们期望，使他们能够尽快地找回学习状态；对于出现心理问题的学生，谢老师并没有一味地拒绝他们请假的要求，而是了解真实情况，找到困扰学生的问题，对学生进行开导，并允许学生在取得家长的同意后回家进行短暂心理休整，休整期间也在不断地关心学生的情况。总而言之，谢老师对于学生的管理总是张弛有度、尽心尽力，这也使得班里的很多工作和活动都能够在没有班主任的干预下有序地进行。

分班之后，肖老师同时肩负起了班主任工作，我从她身上也学到了不少管理班级的经验。肖老师在刚接手班级时，首先进行了自我介绍，这个介绍不仅限于对自己能力的介绍，还包括自己在教学以及班主任管理当中对学生要求的介绍，这样能够使学生更清楚自己应该做什么，不应该做什么。此外，肖老师还在班上选择了一些积极分子形成班干部团体，包括班长、体育委员、文娱委员、课代表、组长等职位。我在观察中发现，班上几乎每位学生有自己的职位，这样做的目的显而易见，就是让学生在管理别人的过程中实现自我约束，从而形成良好的班级氛围。肖老师在班会活动上有自己的见解，她更希望学生在实践中成长。分班后的第一次班会课，肖老师选择的主题是"梦想"，她不仅组织学生在教室写下目标，分享一些成功人士实现目标的方法和例子，还设计并参与了"放飞梦想"的小组放风筝大赛，拍摄并打印了有意义的照片让学生进行海报设计，将大合照和海报一起张贴在班级门口，提升了班级凝聚力，也让学生有了一次难忘的经历。

由于育人工作的长期性性质，两位老师管理工作的闪光点在短短的几个月里很难被我完全掌握，但我相信我能时常回想起实习所学到的东西，向榜样学习，慢慢成长。

成良师

常言道，教学有法，教无定法，贵在得法。但是总的来说，好的教学方法都是有共性的，要想尽快地适应教学与班主任工作，向优秀的经验型教师学习是十分必要的。概括来说，教师需要根据教学阶段与学生特点，运用不同的教学方法因材施教，针对不同课型设计多彩的活动，平衡好学生基础知识、高阶能力与品德修养的发展，在成为学生导师的同时也成为学生朋友，不要把自己与学生和班级割裂开，合理地利用学校活动以及班会活动，与学生进行交流，加强自身品行修养，加强对学生德育的培养。具体到英语教学，除了要重视单词、短语与语法这些基础外，更要重视语篇结构、逻辑与内在情感价值，注意教材本身对学生品行塑造的功能，做到从不同角度深入挖掘与探讨教材内容。教师还应该多利用驱动型的问题去引导学生，带好课堂节奏，使学生能够不依赖教师，形成积极思考的习惯。具体到作业布置，教师应丰富作业布置形式，采取多种评价方式相结合的形式，开展多维度的自评、互评、他评，做好记录。具体到学生管理，要重视集体教育与个别教育，及时与学生、各科教师以及家长进行沟通，形成良好的共育合作关系，正确处理生生问题、师生问题等。

在教育工作中，我还需要处理好教学与班主任工作之间的平衡关系。肖老师与谢老师所教给我的经验能够让我在带第一届学生时有条理，但是要像两位老师一样做到真正的优秀，还需要保持一颗追求进步的心。就像肖老师说的那样，教师不能受限于教学阶段，不能教什么阶段，自己的能力就降低到什么阶段，要养成终身学习的观念，不断提升自己的能力，敢于挑战自己，突破自己。作为教师，也要有信心、魄力与决心去做好这份工作，好好利用课堂时间和课余时间，认真负责，杜绝懒散，做到真正的无私奉献，舍得牺牲小我去成全大我。

很遗憾没有更多的时间跟着两位优秀的老师继续学习，但我仍然十分感谢两位指导老师，是你们让我受益颇多。从两位老师身上学到的经验会在我今后的教学与班主任工作中时刻警示提醒我。实习，像是在我步入人生另一个阶段过程中的一节悠长而充实的公开课，是我人生路上一笔不可多得的财富，也给

逐梦前行：我的教育实习故事（第一辑）

我留下了很多美好回忆。那些快乐、难得的经历和宝贵的经验，我一定会好好珍惜！

指导教师寄语：在你实习工作的这段时间里，我和学生参与并见证了你的成长。你虚心学习，勤学好问，常常对英语教学工作和班主任管理工作进行思考请教，以求尽快提升基本素养。学如逆水行舟，不进则退，教学活动、教学过程乃至教学生涯，都是动态的发展过程，我相信你会有远大的志向，能做到一步一个脚印，为自己的发展奠定坚实的基础，向着目标不断前进。此外，你需要明白，作为一名教师，只有拥有足够丰富的知识和足够高尚的品格，才能源源不断地给学生进行输入，成为学生学习的榜样。希望你在今后的教学中，能从更高的视角看待英语教学，不断提高自己的文化修养，树立终身学习的观念。在"三新"背景下，将"高阶思维""核心素养""深度学习""真实情景""项目化学习""跨学科知识""大单元整体教学""大概念统摄"等日益更迭、相互关联的新名词串联融通，做到用教材教而不是仅仅教教材，帮助学生用知识和理论建立起思维体系。（四川省乐山第一中学校 肖雪）

带队教师寄语：教育的目的不仅是向学生传授知识，其最终目的在于育人。期望你未来在教学岗位上，始终保持初心，认真对待每一件事情，及时反思，虚心请教，不断追求进步，树立远大理想，真正做到终身学习，成为学生的榜样。你在实习期间，深入了解每个学生的内心，洞悉他们的个性发展，不断提升自身的教育教学能力，相信你会成为一名真正优秀的教师。你在教学过程中，给予学生真正的关注和理解，让每个学生感受到被重视和鼓励。你还要建立良好的师生关系，营造温暖、支持和尊重的学习环境，引导学生自信地表达自己的想法和困扰，并为他们提供恰当的指导和支持；同时，培养学生的创造力和批判思维，激发他们的潜能，并鼓励他们积极参与学习过程。希望你能持续提升自己的教育教学能力，保持对教育的热情，成为学生们依赖和尊敬的老师。（乐山师范学院生命科学学院 叶超）

向下扎根，让梦想绽放光芒

◎外国语学院 曾引

一支粉笔书春秋，两袖清风化桃李。有这么一群人，他们向下扎根，却托举起了大山深处的梦想，让梦想绽放出应有的光芒，他们汇聚成了一个共同的名字——教师。扎根学习，汲取理论的力量：年轻教师要高质量完成教学工作，需要掌握的本领是很多的，学习教育相关理论知识的重要性不言而喻。扎根教学，汲取实践的力量：所谓"实践出真知"，教育教学经验的积累主要来自实践。扎根学习、扎根教学，为梦想启航积攒充足的能量。我很荣幸能够成为这支队伍中的一员，在即将走出大学校园之际，踏入中学校园实习，在这希望的田野上挥洒青春的汗水，让梦想的光芒更加耀眼。

时光就这样毫不留情地滑过指尖，留我在时间的漩涡中，独自徘徊。手下的键盘久久无声，一时间思绪纷涌，最终却无语凝噎，苍白的文字似乎难以描摹这如彩虹般绚烂的经历。初来时还身着棉服，转眼就已换上短袖、长裙，时间从指尖溜走了……

行源于心，力生于志

漫步校园，学生们由内到外都洋溢着青春活力，虽然他们不会像小学生一样蹦蹦跳跳跑过来跟你说一声"老师好"，但是只要从他们身边走过，他们就会尊敬地打招呼："老师好。"未曾想过，别人会用这句话来问候自己，在一声声"老师好"中，我感觉自己离教师这个神圣的职业越来越近，同时，责任也越来越重。初为人师的我从第一次站在讲台上的满怀紧张，到现在步入教室后的自信十足，我已经成长了太多。

第一次走进教室，内心的紧张是无法形容的。其一，作为非师范专业的我没有任何教学经验，害怕控制不了课堂。其二，被安排教非本专业的科目，心里多少有点发虚，害怕讲错知识点，害怕学生觉得老师不够专业。哪怕只是很简单的一节内容，我都想尽自己最大的努力将所有知识传授给他们；第一次代班主任工作，经过几天的磨炼，才知道班主任的工作是这么烦琐零碎，对如何处理学生的突发状况，如何管理班级大小事务，都需要慢慢学习并积累经验。

在马边一中支教的四个月，是我成长最快的四个月，也是学生们成长过程中关键的四个月。上课时，我会和学生们"斗智斗勇"，渐渐学会怎么去适当地处理和学生间的关系，学会怎么"恩威并施"地让他们明白学习的重要性，学会怎么给他们带来有趣的课堂体验。

支教的这四个月，是成长与反思的四个月。支教工作的每天是满足的，是感慨的，更是骄傲的。渐渐地，我也会追求教学课堂的精益求精，不知不觉中，支教团队已经成了最亲密的家人，我们也成了与学生们亲密无间的"大姐姐"。支教经历收获的除了教学水平的提高，更多的是溢于言表的情愫。

行源于心，力生于志。其实，我在大三时就有意向参加顶岗支教，因为我觉得支教是一件非常有意义的事情，但是由于正处于课程较为重要且学习任务较重的阶段，所以暂时放弃了这个想法。在毕业论文答辩完毕后，我毫不犹豫地报名了本次顶岗支教实习，在实现自己小小梦想的同时，也完成了实习任务。我从小在农村长大，生活环境和学习环境较差，小学时为我们上体育课和语文课的是同一个老师，为我们上英语课和数学课的是同一个老师，教学资源非常匮乏，不仅没有老师愿意来学校，还不断有老师离开，让我深深地意识到教育资源的重要性。同时，在这样的环境中长大的我能够吃苦耐劳，相信自己能够适应支教环境、克服艰苦的条件。我始终有这样的想法：虽然现在经济条件越来越好，但是还有很多地方缺少教学资源，缺少老师。而且这些山区中存在着很多有天赋的孩子，他们只是缺乏优秀的老师和教育，只要有人发掘他们身上的天赋和闪光点，他们就可能成为国家的有用之才。所以我想要通过支教的方式引导他们拥有正确的世界观、人生观和价值观，端正他们的学习态度，引导他们从被动学习改变成主动学习，把他们领上人生的正轨。同时我也会给他们树立良好的榜样，培养他们一些能力：认知自我的能力、认识世界的能力、关爱自己及关爱他人的能力。

在支教之前，我时常会想：可能我们支教老师的出现会对他们产生影响，我们的言辞会激励他们认真向上。同时我觉得支教不能只靠一腔热血和满腔激情，重要的是我到底能教会孩子们什么，如何系统地教他们。在我看来支教或许可以引导孩子们树立正确的价值观，并不仅仅是教给他们知识，更多地在于释放他们天性中的求知欲、好奇心。在支教的时候要有充分的准备，不是我觉得有趣的、重要的就全部灌输给学生，不同阶段的学生接受能力不同，要加强和学生的交流，知道他们需要什么，喜欢什么，尽自己的能力去满足他们。真正地让支教对他们有所帮助，而不是为了满足我们的体验感而牺牲他们宝贵的时间。同时，教学相长，在教他们东西的时候我们自己也在学，也在不断地突破自己的极限，发现自己的潜在力量。

扎根学习，为梦想积累能量

作为一名非师范生，直接接手三个班的教学任务对于我来说是一个巨大的挑战，一名英语专业的学生教生物学科也是一个巨大挑战。当教务处主任打电话问我能不能接手三个班生物教学的时候，我最开始是有一丝犹豫的，但是一腔热血让我接下了这个任务。课前认真备课是一名教师的基本工作，备课应充分，不仅仅要备教案备教材，更重要的是备学生，要充分地考虑学生在教学过程中可能会遇到的难题，明确教学的重难点。由于我的情况较为特殊，与其他教师相比，在备课时，我需要做的准备更多。首先是自己要学会与本学期教学内容相关的知识——利用网络资源以及教师用书，观看各种教学视频，并且增加自己的创新点。就像习近平总书记就教育问题所说的："过去讲，要给学生一碗水，教师要有一桶水，现在看，这个要求已经不够了，应该是要有一潭水。"[1] 想要做好一名合格的人民教师，就应该有"一潭水"，只有自己所知道的知识更加全面，才能教给学生更多有用的东西。在备课过程中，我需要面面俱到，以便在学生提问题时做到应对自如。除此之外，很多生活中的生物常识是书本无法提供的，因此课堂上的拓展也极其重要。要想教给他们更多与日常生活相关的生物知识，我需要将拓展的知识点整理好，将其安排在相应的教学环节中，在巩固课本知识的同时拓展知识面以及积累生物常识。

备课中另一个重要的环节是设计教学过程，一堂课如何设计，关系到整个上课进程和上课的效果。由于缺乏相关专业的学习，我利用了身边最好的资源——指导老师范老师。学校为每位实习老师都安排了一名"师父"，也就是指导老师。实习学校安排的任务是：实习老师每周至少听指导老师一节课，指

---

[1] 习近平：《做党和人民满意的好老师——同北京师范大学师生代表座谈时的讲话》，《人民日报》，2014年9月10月第1版。

导老师每两周听实习老师一节课。实习学校利用这样的方式促进新教师成长，给了我很好的机会向优秀教师学习。在范老师的课堂上，我认真记录教学过程，学习教学方法和课堂管理办法，并结合自己的课堂进行反思，最后记录心得体会；在我的课堂听课后，范老师会认真总结我课堂上存在的问题，同时肯定我做得好的地方，再结合我的教学设计进行评价，为我提出宝贵的意见。根据指导老师的评价，我会在课后对教学设计进行修改并及时进行反思，比如范老师提到的板书问题，课后我又做了更加认真地设计。渐渐地，我在备课这一环节越来越得心应手，尤其是教学设计这一板块。除了学校的硬性要求外，平时我也会向范老师请教相关问题，学习到了很多关于教学设计和教学方法的经验和技巧。在批改教案的过程中，他曾夸奖我的教案越来越完善，教学设计方面有了很大的进步。除了进行教学设计之外，制作上课所需要的课件也极其重要，其内容要符合学生的认知。我最开始所制作的课件中涉及一些较深的问题，班上很大一部分学生思考不到那样的深度，导致有时课堂会出现沉默的现象。针对此问题，我在后期制作课件时，精心挑选了更多在学生认知范围内，又有相对难度的问题，并花费大量时间收集整理，合理安排在课件的各个环节中。课件的趣味性堪称课堂的兴奋剂，课件趣味性越强，学生的积极性越高。利用他们"贪玩"这一特性，我还在课件中设计了小游戏，这些游戏与上课内容相关，既能满足他们的好奇心，又能巩固当堂课所学的知识点。总而言之，不管是在教学设计还是在制作课件方面，我都花了很多心思，并且取得了较大的进步，教学效果也得到了很大的提升。

扎根教学，让梦想逐步启航

扎根教学这一环节，让学生的梦想在不知不觉中逐步启航。除备课之外，课堂上的教学是重中之重，教师在课堂上将自己毕生所学的知识都传授给学生。在教学中，除了讲解基本的课本知识，课外的拓展也极其重要，我一般会结合日常生活进行拓展，尽量举一些与学生日常相关并且有趣的例子，这样做可以将那些处于游离状态的学生拉回正轨，帮助他们把注意力转回课堂。此外，对于我来说，与学生们之间的互动也是非常关键的一个环节，上课时应该加强生生互动、师生互动，努力打造一个积极的课堂。如果他们没有及时给我回应，我会反思自己的课堂是否太过于无聊，是否使用不同的互动方式会出现不一样的情况。谈到互动，就不得不提到课堂上学生回答问题的情况。并不是

第三章 精磨教技

每位学生都能完全准确地回答相应的问题，即使他们暂时回答不上来或者答错，我也不会批评或者否定他们，而是对学生进行鼓励，然后慢慢地进行引导，给予学生一定的提示，引导他们说出正确答案。这样做不会打击学生的积极性，还会帮助他们找到自信。课后，学生来请教问题时，我也会先给他们一点提示，把转换过的、相对简单一点的问题抛给他们，引导他们慢慢思考，因为最重要的是思考的过程，而不是最终的答案。遇到自己不知道的问题时，我会先查阅答案再与学生进行沟通，为他们进行讲解。在讲课时要充分发挥学生的主体作用，培养学生独立解决问题的能力，从教会学生知识到教会学生学习。在一节课上，我收获了一份惊喜，一位平时上课爱调皮捣蛋的学生主动找我批改试卷，而且我发现他做得还不错，不久后他还来找我给他讲题。这也验证了教师们常说的一句话：学生是发展中的人。我们不能否定任何一个学生，他们在不断地成长，只不过需要时间。在这一学期的生物教学过程中，我不仅学到了很多生物知识，还提高了自己的教学水平，从自己的指导老师和其他老师身上学到了很多教学方法和教学技能以及一些课堂管理方法，但也还存在着很多不足，需要学习和改进的地方有很多。

从上课这方面来说，通过学习马边一中优秀教师的工作经验，我了解到作为一名教师，上好一堂课的标准是目标明确、内容正确、方法得当、结构合理。首先，简洁明了的语言表达能力非常重要。教师站上讲台之后不能说话含糊不清，要让学生清楚地明白上课的内容，使他们在大脑中形成知识网络，培养他们的思维能力。其次，上课板书的内容要有序，态度要从容。学生是学习的主体，课堂上要充分发挥学生的主体性，学生想要表达自己的看法或思想时，我会将主动权交到他们手中，等他们阐述完之后，再对他们的看法进行评价，肯定他们做得好的地方，对他们不足的地方进行指正，并且辅助他们完成纠正。比如，在评讲习题的时候有一些容易出错的题，我会请学生起来讲，让他们找出题干中的关键信息，以及选项中出错的点，让他们有一个自己主动探索的过程。这样做不仅能够将相关知识点巩固好，还能培养他们良好的做题习惯。我用这样的方式充分发挥了他们学习的主体性，让他们意识到自己才是学习的主体，可以通过自己的努力来解决这些问题。在讲题的过程中，我发现有一部分学生逐渐能够勇敢地说出答案和自己的观点，并且慢慢地找到了自信，上课也更加积极踊跃。

在马边一中教学过程中，教师的教学成果无法从学生平时的作业中得到反馈，因为我批改作业时发现，或许是作业有难度，每个班都有一部分人的作业是抄答案或者互相抄写的。教师只能从学生的考试成绩中检验自己的教学成果和学生的学习情况。当我拿到学生半期考试成绩的时候，内心的欣喜大于忧虑，有个班的成绩从上学期期末考试平均成绩29.5分提升到了37.8分，这对于他们来说是一个非常大的进步。尤其班上有些学生从最开始的40分考到了70多分，进步了30分！除此之外，上一次考试中没有一个学生上70分，这次却有四五个上70分，及格人数也增加了不少。虽然其他两个班的学生平均成绩没有很明显的增长，但是其中个别学生的成绩进步较大，特别是班上有几个学生进步了50多分，以前只能考20多分的学生竟然考了75分，这是我刚来时想都不敢想的事情。当然，他们能有这样的进步应该归功于他们自己的努力。让我感触较深的是，有些学生课后给我发消息说："曾老师，我以前生物从来没有及格过，这次考了70多分，因为有你教给我的知识点、学习方法和做题的技巧，我才有这么大的提升。"当看到这条消息的时候，我非常激动，这真的让我认识到做教师的意义。他们的成绩在激励着他们努力学习，不断进步，同时也肯定了我这一段时间以来的教学工作，鼓励我不断前行，对这份工作投入更多的精力。一次期末模拟测试中，一位男生的成绩也让我眼前一亮，之前他是只能考到三四十分的学生，这次测试中他取得了72分。但是宣布成绩之后，班上有一小部分人质疑他的成绩，课后我对他进行了鼓励："老师相信你是自己独立完成的，要想证明自己，那就在下次测试中保持这样的成绩，甚至可以做得更好。"果不其然，在第二次测试中，他继续保持了这种劲头，考到了77分，让其他学生都刮目相看。其实这样的情况在这个班已经不只出现一次了，在第一单元测试时，一个男生甚至取得了95分的好成绩，虽然那张试卷相对简单很多，但是能达到这个成绩也是相当不错的。那时同样也有学生质疑他成绩的真实性，我也用同样的方法鼓励他。在那以后，无论是作业还是考试，他都认认真真完成，并且成绩名列前茅，课堂积极性也越来越高。当然，一个班级中总会有一部分学生在退步，对于这部分学生，我在课堂上以及作业批改中投入了更多的关注，比如课上多抽他们回答问题、评讲作业时着重讲解他们易错的题。在对他们进行引导的时候我就意识到，出现此类问题时，教师不能置之不理，更错误的做法是质疑学生，这样不但会让学生对本科目产生厌烦，更会打击他们学习的积极性，不亚于直接毁掉一个学生；同时，处于青春期的学生正是自尊心最强的时候，如果处理不当，将会造成严重的后果。因而面对这些情况，我只能根据自己的经验以及请教其他教师进行处理。

让梦想在希望的田野上绽放光芒

  作为一名英语专业的生物教师，虽然缺乏相关专业知识，但这不是我逃避的理由，我将尽自己最大的努力让孩子们的梦想、我的梦想在这片希望的田野上绽放出绚烂的光彩。在讲解生物知识方面我已倾尽全力，为了提高教学效果，我在其他教学环节也投入了很多精力。例如每天关注作业数量与质量，总会有一部分学生偷懒不交作业，对于这一部分学生我的处理方法是：让他们拿着课本和作业在办公室写完。这一部分学生本身就缺乏学习的积极性，需要教师的介入——让他们在书上查找答案，这样他们既记忆了一遍知识点，又通过做题学会了运用。抄袭作业的情况，让我意识到仅仅布置课后作业是不够的。始终有一部分学生就是不喜欢写作业，就想通过抄写来敷衍作业。于是我会时不时布置一些抄写作业，比如抄写一个章节的知识导图或者练习册上的知识清单，将一个个知识点完整地抄写下来，他们脑袋里面多少会有点记忆，使用这个方法一段时间后，我发现部分平时不认真完成作业的学生也能回忆起部分知识。我还会监督他们背知识清单，其实这主要依靠部分起带头作用的学生，比如有的学生会主动利用饭后休息时间来背书，而且准确性较高，对于这一部分同学，我会在班上进行夸奖，引导其他学生向他们学习，慢慢地，这样背书的人越来越多，学生自然而然地就能够更加牢固地掌握知识，学习积极性也得到了进一步提高。

  除了监督他们背知识点之外，教给他们一些做题的方法也尤为重要。在评讲习题的过程中，我经常对他们说的一句话就是"做题一定要有做题痕迹，这个选项错在哪儿，为什么错，把错误点给标出来并且订正"，这样的方法不仅能够加深学生对知识点的记忆和理解，还能把握住考题常出现的知识点。因为这一阶段的学生处于身体发育和智力发展的黄金时期，教师对他们的引导极其重要，不仅仅要教给他们知识，也要让他们学会学习，掌握更多适合自己的学习方法，让他们能够在这个过程中慢慢找到自己所喜爱的东西或者自己的梦想。由于他们平时喜欢模仿老师的一些行为和方法，所以需要教师对他们进行正向的引导，帮助他们养成良好的学习习惯。慢慢地，我在批改作业时发现有部分学生开始在练习册上把错误的地方标记出来，并且还在旁边写出了正确的知识点，在批改这些学生的作业时我的心情格外舒畅。通过双方的努力——我尽自己最大的努力教授他们知识，他们也在我的带领下认真学习，半期考试成绩取得了较大进步。不管是在学习过程中还是在考试成绩单上，都可以发现只要努力了就能有进步，虽然有些学生的进步不是特别明显，但也是学习路上的一大步。有进步当然就会有奖励，这不仅能够让他们看到这段时间的努力成果，还能感受到老师对他们的重视。进而提高学习积极性，以更大的热情投入下一阶段的学习中，慢慢向自己的梦想靠近。

随着期末考试的到来，支教工作也接近尾声，但是我没有丝毫懈怠之心，依旧完成基本教学工作，带着学生认真复习本学期所学内容，抓住最后一点时间提升学生的成绩，在忙碌中完成了我的支教实习。回顾过去几个月的实习生活，我心中充满了感激：感谢学生，让我感受到工作中不断成长的快乐和逐步建立的自信，虽然他们平时调皮捣蛋，但他们也让我爱上了教师这份工作；感激实习学校的老师们，是他们给我提出宝贵意见，教会我如何做一名合格的教师。

与学生的相处时间只剩不足十天，他们常问我："老师，你什么时候走呀？"语气中充满不舍，我的感情也复杂交错。特别是在欢庆儿童节的时候，孩子们也给我过了一次儿童节，当他们为我念信的时候，我感受到他们对我的不舍。翻看他们写给我的明信片，上面满满的祝福与不舍，他们以这样的形式说着再见，而我却难以说出口。

这群学生虽然有时调皮捣蛋，但在最后这段时间的相处中，我也感受到了他们对我的不舍与依恋。有相遇就会有离别，只不过是时间问题，想说的话太多了，可是什么都说不出来。愿他们成为不带偏见、明事理的人，干净正直地成长，充满蓬勃、朝气，像早晨的太阳一样散发光芒！

指导教师寄语：在顶岗实习期间，你认真努力，积极参加教研活动，向指导老师和其他优秀老师学习教学经验和方法。在教学工作中积极向上，责任心强，具有较好的学习能力和沟通能力。并且，教学认真，教案详细，课件设计得好，虚心接受指导老师和其他老师的意见和建议，教育教学能力提升较快，有非常大的进步。在这一学期的教学过程中，你对学生认真负责，积极引导学生，带领学生在各方面都取得了很大的进步，也帮助一部分学生找到了自信和努力的方向。希望在以后的日子里，你能够继续保持优良的品质，创造更大的价值；在学习和工作中能够一直保持着向上的冲劲，收获更多更好的成绩。（马边彝族自治县第一初级中学 范跃平）

带队教师寄语：首先我要向你表示最真挚的敬意和感谢。为了让生活在民族地区的学生获得更好的教育机会，你放弃了自己的舒适生活，选择了顶岗支

第三章　精磨教技

教这个艰巨而有意义的工作，毅然决然地投身到这个充满挑战的领域中。在这个特殊的岗位上，你克服了各种困难和挑战。你的付出和努力将会给这些学生带来巨大的改变和希望。

　　你保持积极的心态，无论遇到什么困难和挫折，你都坚持下来了。相信你的教育理念和方法能够对学生产生积极的影响。你懂得要尊重和理解当地的文化和习俗，你用包容和理解的态度去引导他们，帮助他们适应学习和生活的环境。你关注学生的全面发展，不仅仅传授知识，还注重培养学生的综合素质和能力。在教学过程中，你注重培养他们的创造力、思维能力和社交能力，帮助他们成为能独立思考和有解决问题能力的人。

　　在顶岗支教过程中，你用智慧和爱心，为学生带去光明和希望。你也在顶岗支教的旅程中取得了丰硕的成果，希望你能够从中获得成长。（乐山师范学院音乐学院　罗智勇）

第四章 深耕静耘

SHENGENG JINGYUN

第四章　深耕静耘

潜心耕耘花自开

◎体育学院　周琦淞

教师的初心就是对教育事业的热爱、敬畏之心，对教育理想的不懈追求之心，对学生的无私奉献之心，对名利浮华的淡泊之心。无德无以为师，真正优秀的教师，一定是以身作则、率先垂范的人。他对祖国的爱，对学生的爱，对事业和未来的爱，都表现在对自己的高标准要求的落实上。作为准教师的我们，肩负着培养、教育下一代，为祖国的未来夯实基础的重任。我将在追逐光的道路上，满怀一腔热血，把奋斗刻在心里，坚守道德底线，在激流勇进中乘风破浪，在披荆斩棘中成长，让吾辈之青春不负新时代的中国教育。

2022年9月，我进行了为期三个月的教育实习。三个月的实习生活是辛苦的、紧张的、美好的，也是很有意义的。想到我们刚到实习基地——乐山市嘉定中学，看着熟悉的校园、操场、教学楼，以及一个个陌生又青春的面孔，我们既紧张又高兴。三个月的教育实习已经结束，在这段时间里我们经历了很多：第一次真正站上讲台，第一次在这么多学生面前讲授知识，第一次体会到为人师表的滋味……那么多的第一次让我们也学会很多东西。

这段充满酸甜苦辣的实习生活将成为我们人生中一段刻骨铭心的经历，也将是我们今后走上工作岗位的一笔财富。这段时间从学生一下变成老师，大家都感觉有些不适应，经过实习锻炼，我们完成了由学生到老师的华丽转变。第一天到实习学校报到，受到领导和指导老师的热情接待，我们无比感动。在实习期间，我们既是学生，又是老师：作为学生，我们虚心求教；作为老师，我们兢兢业业，付出了很多，同时也收获了很多。我真正体会到做一位体育老师的乐趣，体会到了作为老师的责任，将理论应用于教学实践，将虚拟的教学设计变成真正的课堂教学。

实习期间，在校领导、指导老师及带队老师的支持和指导下，我作为乐山市嘉定中学的体育实习老师兼班主任，一直以老师身份严格要求自己，处处注意言行和仪表，爱护实习学校和班级学生，本着对学生负责的态度尽力做好实习工作。同时，作为实习生的一员，我一直谨记实习守则，遵守实习学校的规章制度，尊重实习学校领导和老师，虚心听取他们的意见，学习他们的经验，主动完成实习学校布置的任务，给实习学校的领导、老师和学生都留下了好印象，得到实习学校领导和老师的一致好评，我的实习工作取得圆满成功，对此我甚感欣慰。下面就我实习的主要工作进行总结。

对教育实习的新认知

（一）迎风开——追风赶月莫停留，平芜尽头是春山

在实习期间，我主要完成了三方面的工作：一是见习，第一个星期听指导老师讲课，学习教学方法和吸取教学经验；二是亲自上课，在上课过程中研究教材，认真备课，课后进行自我小结；三是及时与指导老师和其他实习生进行经验交流，不断完善自我。

我们的实习课程大多数围绕跑、跳、球类等内容展开。我的实习对象是初一年级的学生，他们活泼好动。教学要从他们的实际出发，结合他们年龄的生理、心理特点，寻求一个让他们感到容易理解和接受的教学方法，这对于初为人师的实习生来说，有一定难度。由于我刚从大学生角色进入中学教师角色，会有意无意地把大学老师的教学方法、模式带入中学课堂，而没有考虑到教学对象及环境的不同，导致学生的学习成效并不好，很多动作教完了，学生还是没有掌握。传统的教学组织分为以教师为中心的教学组织形式、以行政教学班为主的组织形式、分项教学的组织形式等，课堂教学程序也一成不变，这既严重束缚了老师的手脚，也影响了学生参与体育活动的情绪和积极性。时代在变化，我们是不是应该学着适应新时代呢？经过理性地思考不难发现：当在教室里久坐的学生来到操场的时候，他们的需求是什么？不就是想舒展一下被禁锢的筋骨，放松一下紧绷的大脑吗？有哪位学生想一来到操场就"立正、稍息"，面对体育老师的讲解示范呢？学生能喜欢这样的教学方法和组织形式吗？

于是，我根据课程标准的内容，结合学生的年龄特征，在实习期间开展有针对性的教学，充分调动了学生的学习兴趣，提高了学生体育运动技能，培养了学生顽强拼搏的意志品质。

（二）追随光——雄关漫道真如铁，而今漫步从头越

作为一个教师，要让学生真正地信服你，只有去挖掘自己的人格魅力：第一，幽默。幽默可以给人带来笑声，无论在课堂上还是在课外活动中，我相信任何一个学生都不会喜欢死气沉沉的压抑氛围，适时的幽默，会得到意想不到的效果，学生也会因此而更加喜欢你。第二，丰富的知识储备。教师的主要任务是"教"，都说给学生一杯水，教师就要有一桶水。课上，你想象不到学生会问出怎样天马行空、超脱课本的问题，所以在备课时不仅要多看教材以及学术著作，平时更要多读专业书籍，以丰富自己的知识储备。第三，衣着整齐、干净、得体。作为年轻人，这一方面应该是最需要注意的。在衣着方面，作为教师不能穿奇装异服，不能梳怪诞发型，这是基本要求，但同时也没必要穿得很严肃、正式、古板，而应该是青春的、充满活力的，给人昂扬之感。此外，还需要注意自己的形象，要保持仪容整洁，给学生清新、自然、亲切的感觉，这样学生也愿意和你接触。第四，灵活的语言艺术。现在的学生已经逐渐形成自己的处事方法，这也就决定了教师既不能生硬地说教，也不能一味地要求。然而在教学中仅仅靠人格魅力并不能达到教育的真正目的，我们还应该从以下几点切入。

1. 用高尚的修养去塑造学生

教师的言行直接影响和感染着学生。作为教师必须加强自身修养，提高自身素质，具备一种奋发向上、积极进取的敬业精神。教师良好的言谈举止会给学生树立一个好的形象。教师规范的动作手势、行走坐卧、外在仪表和丰富内涵，可使学生在潜移默化中受到熏陶，在模仿中审视自己，从而得到全面教育。

2. 用正确的方法去引导学生

体育教学中，教师最能影响学生的是简明扼要的讲解、正确无误的示范和行之有效的辅导，让学生对学习内容产生浓厚的兴趣。教师要用自己健康的体魄、良好的专业素质去影响和引导学生热爱体育运动。教师的教学艺术在很大程度上就是他引导水平的体现，只有教师正确而巧妙地引导，才能让学生实现认知、情感、行为三者的统一，获得理想的教学效果。

3. 用师生间良好情感去感染学生

在体育教学中，向学生进行思想道德教育，关键在于教师的言传身教，而

身教胜于言传。体育教师的工作性质决定了大部分教学时间在室外，和学生的直接接触最多，不论刮风下雨还是严寒酷暑，都需带领学生去完成身体锻炼任务。在这种艰苦的环境中，教师的影响力不容小觑：酷暑中，我们所站的位置面对太阳；寒风中，我们所站的位置面对风口。这种无形的教育方式，会产生浓浓的师生情谊，赋予学生与艰苦环境对抗的勇气，使学生在潜移默化中受到教育。

4. 用祖国的召唤去鼓舞学生

青少年都有向往美好未来的愿望，都有为祖国贡献自己青春的使命感。在道德理想与专业学习中，要帮助学生树立"只有身体好了，将来才能更好地为祖国工作"的思想，通过各种规章制度的约束，使学生将锻炼身体内化为自觉的行动，并体现在体育课的学习和锻炼中。

此外，我认为教师对学生的要求过高不利于快乐体育的实施。教师在要求学生完成动作或训练时，有必要降低难度或要求，使身体素质较差的学生也能在运动中体验到成功。例如，在单足跳的练习中，允许学生换一次脚，这样能使学生更易尝到成功的滋味，更易获得成就感。

在对待学生方面应注意：①既要严格要求，注重素质的培养，也要多给予鼓励和表扬，提高学生的自信心，坚定学生克服困难的决心，还要培养学生吃苦耐劳、顽强拼搏的精神。②每一堂课的教学都要合理安排，使学生得到全面的身体锻炼，发展学生各方面的素质。讲解动作要领和保护方法，突出重点、难点，示范动作要正确，每堂课分组练习，既要有秩序又要有队形。③上课期间，在注重终结性评价的同时也应注重过程性评价。告诉学生期末体育成绩＝运动参与＋运动技能＋上课行为＋身心健康＋社会适应，让学生真正体验到主体地位。同时，这种评价方法对发展学生体能、增进健康、娱乐身心、调节情绪、减少压力，帮助学生接受不同观点、分享自己和他人的快乐、评价他人和自己所获得的成功感，进一步完善新课标的评价方法等方面都起着积极的作用。④虚心请教有经验的领导和老师，帮助自己将理论与实践相结合；钻研教学大纲，努力培养体育尖子；辅导学困生，提高学生整体素质。

（三）向前进——千锤百炼始成钢，玉汝于成终有时

我十分注重个人的专业学习和技能提高，紧紧抓住课程改革这一契机，通过实践加深对课程的理解和领会：首先，学生能在老师的要求下积极锻炼，能对学生本身增强体质、弥补身心缺陷起到很大的作用，进而养成良好的行为习

惯。其次，体育课的锻炼，能使有行动障碍的学生消除自卑心理，感受到学校、班级和老师的温暖，有利于学生在今后的学习过程中树立良好的自尊心和自信心，促进学生德、智、体等方面的全面发展。再次，在体育教学中，突出实用性和趣味性的原则，既能保证学生得到有效锻炼，又能使学生在学习过程中感到愉快，逐步养成锻炼身体的习惯。在教案的编写上，突出个别化教学原则，尽量使每个学生都能有适合自己的活动内容和活动方式，以增强学生的自信心，使他了解到自己在这个群体中的重要性，认识到自己是这个大家庭中不可缺少的一员。再其次，教学过程、教学进度和教学内容的安排，按照由易到难、由简到繁的原则，实行多次重复练习，可使学习内容在学生头脑中留下较深刻的印象，有利于学生对技术动作的掌握。运动负荷由小到大，能满足不同类型学生的要求。最后，采用不同类型的球类运动及游戏，能提高学生身体协调性，增加其对参加体育锻炼的兴趣。

全国第三套小学生广播体操《七彩阳光》的动作难度增加，对学生的协调性和柔韧性都有很高的要求，我主要通过以下几点对广播体操进行教学：一是加强对学生的思想教育，使学生真正认识到做操的重要性和必要性，培养学生重视做操、自觉做操、坚持做操的习惯。二是正确示范，使学生建立正确的动作表象。三是精讲多练。我在广播体操教学中，坚持口头讲解与示范动作相结合，让学生加深对动作的理解，并让学生反复练习，以更好地掌握技术动作；同时，我加强口令学习，确保口令清楚、洪亮、准确。四是巡回指导，及时纠正错误动作。在广播体操教学过程中，我们还得到了实习学校领导和班主任的大力支持，通过集体教学，让广播体操教学在很短的时间内产生了显著成效。

我们体育组希望所有教师都能参与其中，加强对学生的思想教育，使学生真正认识到做操的重要性和必要性，培养学生重视做操、自觉做操、坚持做操、认真做操的良好习惯。

通过实习获得多方面提高

第一，我对中学的现状有了更为理性的认识，对中学生的学习有了更为深入的了解，对教师的工作有了更为真实的体验，这些都有利于我今后更快适应工作环境，从心理上抹去了对教学的畏惧。第二，我掌握了一些基本的教学方法和教学技能，提高了教学效果和教学水平。在一次次的教学实践中，以及与指导老师交流的过程中，我的教学水平和对教学的认识提高了许多。第三，我的教师责任感和荣誉感有所增强。教师承担着教书育人和培养祖国未来人才的责任，是无比光荣的。因此，备更好的课，讲更多的知识，并且教会学生做人的道理是我和同学们在实习期间的共同愿望。第四，我的交际能力和口语表达能力得到了提升。通过这次教育实习，我学会了如何处理与实习学校领导和老师、学生以及同小组同学的关系，在相处的过程中提高了自身的交际与沟通能力，为我今后的工作打下了良好的基础。

下面针对自己的学科，我将谈谈体育教师为什么要读书。体育教师要想进一步发展，要想文武兼备，要想成为"有为"之人，读书是最好途径之一，但真正能静下心来读书的体育教师为数不多，养成读书好习惯的体育教师更是少之又少，"多读书，读好书"对体育教师来说已是迫在眉睫的事。

那么，在这个互联网发达的年代，体育教师为什么还要读书呢？

（一）体育教学的需要

体育教师最基本的职责就是进行体育教学，让学生掌握和运用基本的体育与健康知识和运动技能。随着时代的发展，学生获得知识的途径越来越多，其知识面越来越宽，新课程改革对教师的要求也越来越高，教师传统的教学理论水平和教学技术跟不上教育发展的需要，因此教师必须不断学习基本的教育教学理论和有效的教育教学方法，为学生传道、授业、解惑。

（二）运动训练的需要

运动训练是学校体育工作的重要一环，也是体现体育教师价值的重要平台，学校运动队要取得优良成绩就离不开体育教师系统、科学的运动训练理论的指导。体育教师必须不断"充电"，更新训练观念，夯实运动训练理论功底，强化专业能力，提高训练水平，实现从"体育师傅"到"研究型教师"的转换。

（三）教育科研的需要

大量事实证明，教育科研是促进教师专业发展的有效途径，一线体育教师有丰富的教学经验和教学技能，但缺乏把这些实践经验综合上升到理论高度的方法和能力。许多体育教师一生始终处于教学技能型的"教书匠"位置，我们只有不断读书，主动学习教育教学理论，从书中获取教育科研的知识和方法，积极从事体育教育科研，缩小理论与实践的距离，才能成为理论型的优秀体育教师。

（四）示范引领的需要

教师是培养人、塑造人的职业，体育教师的文化底蕴、专业素养及个人的人生观、价值观将直接影响着学生、家长和社会大众的素质。

（五）职业幸福的需要

体育老师在繁忙工作之余，凝心静气地阅读高品位的书籍，能缓解生活和工作的压力，从而提高职业幸福感。

作为一名新时代的体育教师，养成读书的好习惯，是工作的需要，也是时代的要求。书籍是他人成功的精华，凝聚他人多年奋斗的经验，多读书，读好书，可以使自己在工作中少走许多弯路，可以更快、更好地走向成功。

对实习的一些具体建议

（一）突出一个"细"字

"细"，一方面指我们的工作安排要细，另一方面是要求我们做事态度要细。做工作不仅要着眼全局，更贵在从细小的方面做起，只有具备了扎实的基础，才能产生循序渐进的效果。

（二）落实一个"严"字

顾名思义，"严"就是要求严格，无论是在教学工作中，还是在平时生活上，都要严格要求自己，按章办事。在实习工作中要严于律己；在教学工作上，对课前准备工作、课中实施过程、课后总结工作都要十分严格。我相信只要在"高标准，严要求"的自我管理之下，我就能成为优秀的教师。

（三）强调一个"实"字

实习生的每次工作必须实事求是地去完成，反对一切表面工作。刚开始，实习生因受到"怕批评"的心理因素影响，可能出现只做表面工作的现象，但从某种意义上讲，犯错误并不可怕，可怕的是犯了错误以后有意识地去掩盖它。只有坦然面对错误，从无数的错误中找到正确的答案，才能提高自己的办事能力，不断增加自己的经验值，让自己成长起来。

实习反思：不足与努力方向

（1）对学生、对教材应该更加细致。要深入地钻研新教材，分析各班学生特点，由易到难、由简到繁、循序渐进地进行教学。选取的教材应当多样化，使学生的身体得到更全面的锻炼。

（2）提升应用所学教育理论观察、分析教育问题的能力。可能的话，开展几次教育调查，这样将更有利于自己的教学。

（3）自我要求应更高。每次上课都尽可能提早到达上课地点，布置好场地、器材，特别注意检查安全措施，确保上课时学生的安全；同时要提前做好自身的准备工作。

（4）每次课后应认真进行自我分析，虚心听取其他教师的意见，及时在教案中写好课后小结。

实习的时间是短暂的，虽然身体很累，但头脑是充实的，收获无穷。通过教育实习，我收获了很多平时很难了解到的经验和教学方法，更深地认识了体育与健康课程的标准和体育课的乐趣，也对教好新教材充满信心。我会在今后的工作中不断学习，为做一名优秀的体育老师而努力。体育不是简单的技能教学，更不是健康知识的说教，而应该是让学生在身体练习的基础上轻松地学、快乐地练、主动地思考。我们只有多反思、多总结，不断探索新的、科学的教学方法和手段，通过学习不断提升自身的素质，才能更好地适应社会对体育教师的要求。

实习期间，学生很喜欢上我的课，每次上我课的时候都会开心得不得了，课间休息的时候，学生还会来问我："周老师是您上课吗？"他们是多么渴望上体育课，在我的课上，教学大纲的要求完成之后，我会带学生做游戏，每节课都不同，学生玩得不亦乐乎。学生见到我后总会问："老师你什么时候实习结束啊？走了以后还来不来啊？您就一直教我们吧，不要走。"学生的热情感动了我，没想到我一个体育老师也会让学生如此牵挂。

刻苦钻研，终身学习

这段短暂的实习生活使我的教学能力实现了质的飞跃，我学到了很多书本上学不到的知识。学无止境，我时刻不忘超越自己，对教育事业的满腔热情，将鼓舞着我不断前进。教育实习让我更加坚定了献身教育事业的决心，我将以更加认真的态度虚心学习，不断完善自己，不断提高自身的素质和执教水平，为成为一名光荣的人民教师而努力奋斗！

我学会了如何成为一名合格的老师。我明白，想要成为一名合格的体育老师，就必须做好充分的准备，写好每一份教案，认真备课，调整好心态，了解本班学情，请教指导老师。我相信做到这几点，就能为成为一名合格的体育老师打下良好的基础，一切的问题都不是问题，只是问号而已。我相信，通过这一段时间的锻炼，我会在以后的教学中变得更优秀！在实习中，大家都付出了很多，同时也学到了更多。这段时光对于我来说，只是一个开始，今后的日子里我定会将"爱"作为学生教育的出发点，以慈爱、博爱、仁爱之心守护学生，助力其成长，同时注重美育和德育，让爱赋予教育独特的魅力。不驰于空想，不骛于虚声，一步一个脚印，寻梦而行，一路追光，以满腔的热情去对待教育事业！

指导教师寄语：少年振衣，可作千里风幡，去目不可追，来日尤可期，愿你云程发轫，此去星辰大海，一路繁花相送。（乐山市嘉定中学　余东华）

带队教师寄语：为师者，须坚固思想道德的防线；从教者，必坚守廉洁自律的底线。人生海海，山山而川。此间翻山而过，不求今后皆是明月清风，只愿无论经历多少磨难，都能一往无前，初心不改，未来闪闪发光。（乐山师范学院新能源材料与化学学院　张连花）

以爱耕耘，静待花开

◎教育科学学院　李　丽

何为爱？爱有程度，有形状，分对象。人的一生，"爱"这一个字最为广博与深奥，它存在于每个人生活中，它是那么的单纯与具体，它饱含太多的温馨与美好的回忆。爱之广博，不能称，不能量，不能算。爱分很多种，其中有一种既非宽容的母爱，亦非无声的父爱，更非温暖的友爱。它比母爱更严肃，比父爱更明朗，比友爱更深沉，这就是教师之爱，它来得更轻、更柔、更让人难以忘怀。以爱之名，与学生相互理解，是教导学生伊始。

短短一学期的实习，总让我觉得匆匆，近三个月的相处，让我一半风尘仆仆，一半日暖风和，也许是极尽琐碎，要我回想近来所遇，竟毫无头绪。但思虑过后，发现琐碎之中浸满美好，身边的每一个学生都在用自己特有的温柔温暖着我。

"道歉信"让我误会了你

"我向全班同学保证，我永远也不会打同学、骂同学、说同学的坏话、影响同学们上课了。如果发生以上的现象，可以任凭处置，请同学们监督我。"我在五年级（9）班第一次见到你，也许是这次见面太过特别，你让我印象深刻。面对老师的指责，同学们此起彼伏的"不同意"，你选择用沉默来面对，但结果显然并不理想，沉默让别人对你的指责更甚，所以你选择小声朗读道歉信表示妥协。但这怎么是诚恳认错的表现呢？不得已，你鼓起勇气大声地读出了你的道歉信。

作为一名旁观者，我只片面地认为你是一名学困生，不服管教且让人头疼。之后的种种让我更加坚定了我的想法：字迹差；上课没有一刻静静坐在自己的座位上；甚至一不留意，你就和班级的同学起了冲突，剑拔弩张；对我的态度也漫不经心，我说的话似乎从来进不到你的耳朵里。如此一个月的相处，我对你便更加没有好的印象了。

对你的改观始于运动会，400米2圈的来回跑对我来说都有点吃力，更不用说五年级的小学生了，更何况这是竞赛，心理压力只会更甚，班级里的许多学生都跑到场边对我说紧张到心跳出了嗓子眼。我怕你太过紧张，便让你多做做热身，你不发一言，只默默走到场边活动起来，比赛开始，随着哨声一响，你脚下一蹬便第一个冲出了跑道，4圈之后便是耐力考验，坚持下来就是自我的突破。早已精疲力竭的你仍然坚持自己的节奏，完成了一圈又一圈。"最后的冲刺了，加油！"听到我们的呼喊，你拼尽全身力气奔向终点。不出所料，小组第一！运动场上总能带给人们团结的信念，那一刻，我们放下了隔阂，一起为你、为我们欢呼、庆祝。

这次过后，我改变了对你的偏见，开始和你对话，开始了解到你的各种行为只是想要得到老师的关注，了解到你打人其实是因为别人话语的不当，了解到你的自卑源于周围人对你的一次次否定。所以我开始给你鼓励、夸奖，开始为你的每一次小小进步而庆祝。而你似乎也在改变，上课时渐渐能够在座位上待很久；开始主动举手回答问题；见到地上有垃圾时默默拾起；听写从满篇的红叉到10个、5个、1个红叉。这些变化或许连你自己都没有发现，但是你确实因为自己的努力变得优秀。

机缘巧合下，我俩成了"同桌"，相处之间，我发现原来你也这么有趣：你会留意生活，看到同学不开心时说笑话活跃气氛，虽然总是你一个人在笑，但效果确实也达到了；你会尊敬老师，即使在校外，仍然勇敢自信地对老师说"老师好"；你会坚持你的爱好，与同学一起赛跑。一件很小的事，一次真情的谈话，往往能让孤独的人有了信心，让他们的内心变得强大起来，这就是情感交流中的"真诚"。真诚是一种态度，更是一种品质，它体现在每一个个体身上，也体现在每个家庭、个人之间。

赏识教育理念下的教育教学已经不再是教师一人唱独角戏，而是师生共同的大舞台，需要师生倾情合作，需要建立真诚的师生关系，创设和谐课堂气氛。在课堂中，师生之间除了必要的教材知识交流外，还要打开情感交流的窗口，创造互相理解与尊重的师生关系，共同营造一种和谐的课堂氛围。美国心理学家罗杰斯曾说，成功的教学依赖于一种真诚的尊重和信任的师生关系，依赖于一种和谐安全的课堂气氛。

巴特尔说："爱和信任是一种伟大而神奇的力量，老师载有爱和信任的眼光,哪怕是仅仅投向学生的一瞥,幼小的心灵也会感光显影,映出美丽的图像……"① 我也很幸运,能够有机会给予你肯定,让我们共同成长!

孩子,其实错了也没有关系!

捷克教育学家夸美纽斯说:"我们应该模仿天上的太阳,它把光热和生命给了整个世界。"② 凡是人,皆需爱。

教育无疑是一个充满爱的浪漫的行业,而拥有仁爱之心的教师,也会培养出拥有仁爱之心的学生。爱是一个相互的过程,只有真正关心尊重学生,才能在学生内心深处播下爱的种子,让其生根、发芽。

初与小喻相识,并未留下特别印象,只是感觉他的声音很好听,全然不像男孩的音色。中午休息的时候,指导老师忽然叫他上讲台讲故事,我还有点疑惑。他似乎无意在讲台上表演,完全没有一个说书人的气派,可伴着"醒木"的声响,却见他摇头晃脑、指手画脚、嬉笑怒骂、神情夸张,有时扮男,有时扮女,让人目不暇接、忍俊不禁,说到高潮,教室里时不时迸发出一阵笑声。在这科学技术日益发达的年代里,一个小学生以一种独特的讲故事方式出现在我面前,很难不引人注目。

或许是因为他这一次的展示太过惊艳,以至于我自然而然地将"身怀绝技,品学兼优"的美誉授予了他。他的成绩和气质让人刮目相看,毫不辜负这个标签,无论是在语、数、外主科的成绩上,还是在运动方面,他都是年级中的佼佼者,在数学方面更是让人为之注目。在钟爱书法的我眼中,他那精妙绝伦的字迹,无疑更加深了我对他的喜爱。因此,在评讲习题时,我自然而然地选择了他的习题作为示范,其笔迹工整、书写优美,令人赏心悦目。评讲中,随着红色勾勾的增多,他的自信心也随之增强。可是直到阅读题目的出现,情况发生了转变,由于错误勾画关键词和总结不完整,原本整洁的卷面出现了一个扎眼的红叉。我发现他的头缓缓垂下,直到下课前,他都没有抬起头来注视我。我察觉到他的异样,试图与他对话以缓和他的情绪,但他却置若罔闻,仅红着一双眼,默默地忍受着"失败"。

---

① 转引自高小果:《学生的爱——无比纯真》,《新课程》,2009年第11期,第169页。
② 夸美纽斯:《夸美纽斯教育论著选》,任宝祥、熊礼贵、鲍晓苏译,人民教育出版社,1990年,第249页。

第四章　深耕静耘

　　我深知此时还不是个好时机，于是选择暂时放弃。但一个星期后再来上课时，我发现他的眼睛并没有过去那么亮了，答题时也不像之前信心满满，就连写字都开始敷衍了事，只是草草写上几笔就算是把作业写完。见此情形，我心里难免内疚，怪自己那时候为何选择他的习题展示。我的导师好像看透了我的心思，将我叫到旁边，几句话点醒了我。

　　对啊，解铃还须系铃人。我特意在下课时找到他，他似乎对我的接近很是惊讶，不过之后又进入了防备状态，我以做游戏的方式成功打破了僵局。在慢慢地了解中，我知道了他对自己的失误感到非常自责，认为自己辜负了我对他的信任，也许是情绪积压已久，说着说着，他不由自主地开始痛哭。我告诉他，犯错本就是常见的事情，"人无完人"，会犯错才是一个人进步的基础。犯错很常见，如果你能从错误中获取经验，便能强过很多人。或许是情绪得到了宣泄，或许是开始试着理解我的话，他敞开心扉，向我诉说自己的烦恼和喜悦，告诉我他喜欢老师的夸奖，还和我分享了他的小秘密。

　　这次过后，他的心情明显好转，之后即使习题出错他也不再自责，反而主动跑去找老师交流改正，下课时不时跑到教室后面和我交流他的奇妙想法："老师，你知道世界上最大的行星是什么吗？""老师，这节课我的表现好不好？"

　　一句句话语联系着师生之间的友好、亲切和关爱，从一颗心灵抵达了另一颗心灵。日子一天天过去，他也慢慢恢复了往日的自信与开朗，师生之间的情谊也愈发绵延。苏霍姆林斯基说："学校里的学习不是毫无热情地把知识仅从一个头脑装进另一个头脑里，而是师生每时每刻都在进行心灵接触。"[1] 课后交流是师生最直接的心灵接触形式之一，是师生交流的重要手段，是教学中使用频率最高的方法，是"教学的生命"。写过《我钻进了金字塔》的新华社著名摄影记者唐师曾说："一个人应该能享受最好的，也能承受最差的。"[2] 确实，从某种意义上说，生活本身就是一种承受。漫漫人生，总会遇到苦难，当我们屈服于痛苦的时候，它可能使我们沮丧、潦倒，甚至陷入绝望而走向灭亡，因此，承受苦难才是我们的唯一选择。沧海容纳滚滚横流，屈子承受讥谗流放，史公遭受不明君主的腐刑，越王甘受"尝胆"的羞辱。

　　是啊，青春本来就是带着汗水的热烈与迷茫，我们又何必在灿烂的岁月给自己那么多枷锁，要知道每个优秀的人，都有一段静默的时光，我们把它叫作扎根。

---

[1] 苏霍姆林斯基：《少年的教育与自我教育》，姜励群译，北京出版社，1984年，第249页。
[2] 唐师曾：《我钻进了金字塔》，长江文艺出版社，2013年。

属于我们的"小秘密"

实习第二周晚上九点多,我的抖音突然收到一位班级学生的私信:"李老师,晚安哦!"我吓了一跳,心里不禁疑问:这孩子哪里来的我的抖音账号?我在惊讶之余马上回复她:"好的宝贝,今天太晚了,不要玩太久,早点休息哦,晚安!"就是这次普通的对话,让我们有了更深的交集。

可就在一周之后,我发现那个原本眼神灵动,翘首看着老师的孩子变得眼皮耷拉,甚至在课上干脆睡着了。一个原本心灵手巧,爱阅读、爱表达的女孩,最近的状态实在是有点反常。

回到办公室,我向班主任以及指导老师询问,他们也有同样疑惑。上课经常昏昏欲睡,作业质量也开始直线下滑,那个精力充沛、活力四射的小女孩究竟去了哪里呢?

带着这个疑问,我与孩子的妈妈交谈了一番,逐渐找到了问题所在。原来最近一段时间,小艺的爸爸妈妈工作都非常忙,经常加班到很晚,对孩子的关注有些不够,小艺放学回到家,经常先沉浸在阅读中,有时候还看看电视,打打手游,等家长回家后才开始慢吞吞地着手做作业,常常还要一边做一边和家长闲谈,这样的行为自然免不了遭受父母的责怪。一顿鸡飞狗跳之后也就差不多十点多了,作业最后也只能草草了事,等全部收拾好再洗漱完毕,上床都十一二点了。晚睡带来的后果就是影响第二天的学习,上课睡觉、无精打采、效率低下等一系列问题自然也就接踵而至。

谈话间,小艺妈妈的言语充满了无奈与心疼,焦虑和无助,家长工作压力大、事情多,是当下很多家庭的现实状况。忙完了一天的工作,身心俱疲,看着孩子拖拖拉拉写作业到很晚,着急心疼又难免火上心头。而从孩子的角度出发,父母每天本来就忙,也说不上几句话,好不容易有机会待在一起,想要和父母交流两句,却被催促着赶紧先赶作业,眼看着时间越来越晚,自己有满肚子的话未能表达,又没有完成作业,还要面对家长的催促和责备,心情自然不佳。他们彼此都对对方充满爱意,却偏偏用了不恰当的方式来表达,家长觉得孩子抵触叛逆,不好沟通,孩子觉得自己受到冷落,不被理解,双方都觉得自己疲倦委屈,满肚子怨言。

我安慰小艺妈妈说,孩子慢慢长大了,做家长的要学会放手,可能孩子到了四年级家长包办的情况较多,但家长要学会慢慢放手,给孩子一个过渡期。

第四章 深耕静耘

平时工作节奏本来就快，到家了试着放松自己，做一个可亲的妈妈，多倾听，多沟通，面对冲突时保持冷静，试着从孩子的角度去感受她的情绪，站在朋友的角度去帮助她解决问题，或许是一个不错的方法。小艺妈妈听完后非常上心，当天就给孩子写了一封长长的信，把对孩子的爱诉诸笔端，期待着能够走进孩子的内心深处。

在同一天，和小艺妈妈交流后我也找到了小艺，约她在学校操场散步谈心，这场谈心中，我们定下了每日约定：每天放学到家优先完成家庭作业，做完作业再看自己喜欢的书和动漫；找合适的时间和父母聊聊学校里有趣的事。我们还定下了属于我们俩的"小秘密"——我对她说："从今天开始，你每天晚上准备睡觉时和我说一句'晚安'，可不能太晚哟！"她开始有点惊讶，之后便十分郑重地和我互相拉钩，答应了我们的约定。放学离校之前还不忘指指自己的电子手表，表示她没有忘记我们的约定。

那天之后，每晚九点左右，我都会收到一条微信："李老师，晚安！今天我妈妈给我写了一封信，我才知道她其实不想和我吵架的，是因为我不好好做作业她才生气的，我今天一回家就写作业，她还夸了我呢。""抱歉，李老师，今天有点晚了，不过我明天会早一点的，晚安！"……看着这些信息，就如同这小调皮用她那古灵精怪的眼睛看着我俏皮地和我对话，道着晚安。

最近偶然在商场碰见了小艺妈妈，她反馈说小艺现在每天都能自觉地完成作业，速度比之前要快多了，他们也因为有更多的沟通，理解了彼此的爱。

家长对孩子的爱往往体现在看不见的地方，但是要知道，孩子尚且处于发展的状态，如果不正确地、直接地表达对孩子的爱，父母和子女之间往往会产生不可逆转的矛盾。所以，爱需要正确地表达。爱不是用金钱来衡量的，而是要履行一种教育的责任；爱不是为孩子包办一切，而是教会他们懂得自立自强；爱不是把孩子变成温室里的花朵，而是让他们像雄鹰一样自由飞翔，面对困难勇敢拼搏。这才是爱孩子的最深层次。

经此一事，我发现教育是一种慢的艺术，我们要以滴水穿石的恒心，牵着蜗牛散步的耐心，促进每一位学生的成长。温柔是一种智慧，是一种力量，试着把温柔放到教育中，你会看到每一位学生那颗晶莹剔透的心。

双向获得才是真正的教育

我们班级有一对相爱相杀的"死对头",双方总是因为起外号这一类的小事纠缠不清,对对方蛮横无理,拳打脚踢,有时还会"打一仗",可谁也占不了谁的便宜,既让家长心疼难办,也让我头疼苦恼。

刚开始怕双方由于用力过猛伤了和气,所以次次动之以情晓之以理地帮助他们协商和解,后来才发现这种担心是多余的。

那次班主任有事,我作为代理班主任又遇到了他俩打架的情况。由于课间时间短,来不及解决争执,情况也还没摸透,于是就让他俩先回教室参加语文测试。直到放学我还惦记着这件事呢,转眼一看这俩又和好如初了,两人有说有笑,我走到他们之间默默问了一句:"没事了?"告状的那位还不好意思地躲到对方后面摸着后脑勺偷笑。当然,这是我愿意看到的,可转念一想,平时费力调解他们的矛盾,他们置之不理,让我们担心,而和好了也不和老师说一声,让人莫名地郁闷。最气人的是这俩隔三差五就有摩擦,一件接着一件,虽说教育之后情况有所改善,但怎么也改不了他俩想要争个高低的心理和行为。

等到后来,他俩再一次挠破了对方,损坏了物件,我立刻将他们留下来,打算严肃处理一次,先安排他们在教室里写作业,我出门联系家长讲清事情原委,约时间见面谈,再回班级找他俩谈话的时候已经有点晚了,没想到推开教室门,看到他俩把平时摆得乱七八糟的桌椅摆放得横平竖直,讲台原本凌乱的书本也分类放进了图书角,甚至连我极少注意到的黑板下方的粉笔灰都打扫得干干净净,这着实有点出乎我的意料。我并没有说要惩罚他们,他们却能想着弥补,而且还找了个挺不错的方法,看到这样和谐的场景,多少让我原本积压的气愤情绪消散了些。

等到见家长那天,刚好要放国庆节假,我计划带着他俩和各自家长分别见面,这次见面,他们再一次让我感到意外。在一方家长明显带着秋后算账的架势结束了谈话后,临走时孩子的一句话让我意识到他俩并非没心没肺,其中一位同学主动拿出两瓶水跟对方父母告别:"叔叔阿姨再见,国庆节快乐。"他或许是意识到当天天气很热,大家聊得口干舌燥,脑门冒汗,本不必劳烦家长在快要放假来学校解决完全可以避免的纠纷,有些不好意思吧,同伴也或许感受到了他的心意,害羞地抿嘴笑了笑。送走了第一方家长,我们就在学校树荫底下躲了个凉,由于另一方家长有事来不了学校,我们就通过电话的方式进行交流，中途他俩极有眼力见儿地接过我手中的水杯站在旁边听，让我觉得他俩还挺可爱的，是我忽略掉了很多他们的优点——他们可以自然而然地脱口问候并自觉地等候。也正是他们的举动，触动了我，差不多结束后，我把他俩带去小卖部，买了两瓶水，分给他们一人一瓶。

通过这件事，我想说明什么呢？首先，我认为想跟朋友亲近，尤其是幼稚的学生时代，起绰号调侃再正常不过，但以此方式嘲笑揭短，让对方心塞难堪就是不对的，教师要直截了当地纠正此问题。发现问题就要解决问题，而不是逃避问题，关键是教会学生换位思考，将心比心，让他们明白语言的攻击性。在班会课上让学生自由地发表言论，感受对方的立场，想象背后的故事，学生都很善良，知道身边的伙伴是要爱护的，帮助别人守护自尊心构筑安全感是一种尊重。友谊的小船难免经历风浪，比如"被罚跑圈不忘回头停下脚步等对方喘口气""拌嘴置气时也不耽误合力给班级分发导学案""座位相隔甚远也会主动打招呼问好"等，他们其实能够明白平日"处处较量，事事计较"的关系也是值得珍惜的。学生的本质都不坏，只是在交往的时候分寸和距离没有把握好，老师要做的是不被他们带入情绪中，偶尔适当冷处理，待冷静后再切中要害地去引导，是会看到他们的变化的。

其次，学生可能会因为老师的一句鼓励而信心大增，在之后的学习生活中乘风破浪。相应地，我会因为他们恰到好处的举措而倍感温暖，消除心中的阴霾。师生是相互赏识，相互促进的关系，双向获得才是真正的教育。

希望自己能够尽力而为，用心耕耘，积蓄实力，百事从欢，心平气和地静待花开。

不如像认识猫一样去认识教学

转眼实习已经过了一大半了，我的教学技能也从生疏开始走向成熟。但是在备课过程中，我越发感受到做学问的不容易。我对教师这个职业一直保持着敬畏之心，时代在变，教授的内容也要与时俱进，想要完成育人的职责，就需要在育人上多下功夫。一堂好的语文课应该是生动有趣的，是能够提升师生双方素养的，还应该是把握住考点的。

作为一名实习的新教师，而且是专业能力不怎么强的新教师，我常常感受到教学的压力。尤其是在学生都很积极地配合下，我却没能将课堂完美呈现出来的时候，更加不想面对教学。由于总是讲不出令自己满意的课，并且不知道朝什么方向努力，我一时之间对教学采取了消极的态度。

指导老师也许是观察到了我的状态，给了我点拨，让我明白其实教学也是需要经过训练的。她还给我指明了方向，让我明白了教学的初始要学会借力，先学会模仿，再自己创造，最终完成超越。于是我开始研读名师课例，由刚开始的一知半解，看不懂课例结构，只是根据课堂实录模仿他们的语言，到后来能够看出课程设计，逐渐自己发挥。我发现只要认真学习，就一定会有进步。

这种感觉使我联想到自己之前对猫的认识，一开始我对猫并不了解，不明白为什么同样是猫，价格差别却那么大。我觉得布偶猫还没有我老家的橘猫好看，疑惑为什么它就能被称为"仙女猫"？但是经过一段时间的接触和了解，我意外地发现自己的审美发生了改变，现在看猫，也能看出它们的区别了。而这，其实是我长时间学习的结果。同样，在教学上也是如此，原来我不知道什么课才是好课，但是经过长时间的浸润，也能看出好课的本质，而且自己也能成为好课的创造者。

直到现在我才明白"教育具有滞后性"[1]的说法。就像小时候学习《匆匆》这篇课文时，对我来说只有大篇幅背诵带来的无聊以及厌烦。如今再读到"你聪明的，告诉我，为什么时间一去不复返了"[2]，便明白了面对匆匆逝去年华的感叹与无奈。大家都在一步步地慢慢成长，所以对这世界的看法也会随着认识的深入而改变。现在提到教学，我已经没有了当初的局促与慌张，虽然还是会感受到压力，但我不再排斥与迷茫。在压力中进取，坚信为者常成，行则将至。所以，不如像愚公一般，对未来抱有希望，以移山的精神，一步一步成为更好的自己。

以爱为底色，做有温度的老师

不得不承认，在经济不断发展、科技不断进步的今天，"短时效，高收益"似乎是我们不断追求的目标。但是相较于经济，教育却很难达到这样的效果。教育是一条很长很长的路，二十出头的我们意气风发地从这里出发，在这条路上，我们或许会经历风光无限，或许会经历风雨满肩，而这些都是师者的常

---

[1] 史铁生：《我与地坛》，蔡翔编，春风文艺出版社，2002年。
[2] 朱自清：《朱自清文集》，徐磊校注，北京燕山出版社，2018年，第4页。

第四章 深耕静耘

态。有人说,这是一段一眼就看到头的日子,几十年如一日,一支粉笔写了又写,如粉尘般飞扬就是我们这些教师的宿命,随风飘扬,无枝可依,终其一生可能都不能大富大贵,世人大多以桃李满天下等词给予安慰。桃李多少我不知道,但我知道,在教育这条路上,最有价值的往往都是不曾看到的,那就是师者对教育的那股强大的信念。

就是这样的信念,支撑我不断探索,不断创新,让我的每一天都那么充实。新知就像沙滩上的贝壳珍珠,每一次收获的时刻,都在闪闪发光。学生成长道路上最需要的是什么呢?是爱、是尊重。自由和爱给予他们足够的安全感,尊重则帮助他们建立独立的人格。教育就如同一场温暖的修行,在这条路上,有你、有我也有他。然而,路漫漫其修远兮,吾辈自当上下而求索。

我常回味"成人比成才更重要,成长比成功更重要"[1]这句话,但却时时忽略,甚至试图刻意忘记它,以至于在追求成绩的路上越走越远。因此我不断地自我反思,试图探索正确的路,听名师课、钻研教材、了解学生……有时也会感到力不从心,不知道自己会不会跑偏。不过幸好,我遇到了我的"老大"——我的指导老师,他时刻帮助我及时回正。在不断突破自我的路上,我从一开始的紧张结巴逐渐变得从容不迫,这无疑是一个好的开始。如今,我正在不断探索如何才能让学生以轻松的方式学会更多的东西。

我所能做到的是让学生喜欢上这堂课,让学生喜欢自己,相信自己。不可否认,教师的亲和力与学生的学习氛围密切相关,热烈的情感往往能带动良好的学习氛围。学生常常会因为喜欢某个老师而有意识地增强自己的学习责任心,主动学习这位老师所授的学科。

时代在改变,而老师也要学会与时俱进,试着放下老师的"架子",为学生搭建一个平等沟通的平台,你会收获一份满意的答卷。但不可避免的是,每个班级好像都有那么一个"小顽固",作为教育者,我们应该用善良去唤醒善良,用心灵去铸就心灵。

作为老师,我们身上肩负的是使命也是责任!所以,希望我们都能不因一叶障目,而不识神秀岱宗;不为一朝风月,而不解万古长空!

指导教师寄语:教育的本质就是心灵之间的对话,是用人格塑造人格,用情操陶冶情操。这意味着真正的教育是一个潜移默化的浸润过程。很高兴我们在五年级(9)班共同成长,这么多年的教学经验让我明白教育要直指人心,

---

[1] 夏末:《成长比成功更重要》,同心出版社,2013年。

要能给予学生发展的动力,并引导其向善。为人师者,当有诲人不倦之精神,教育才能有温度。希望你作为年轻教师能够以学高为师、德高为范的精神潜移默化地影响学生的行为。要了解学生的向师心理,教师一个细微的言行举止,都是学生精神成长的风向标。作为一名教师,我们在"传道授业解惑"的过程中,要不断地给学生以思想的启迪和文化的滋养,以高尚的情操和深厚的修养影响学生。教师要坚守人格底线,守望精神家园,才能更好地影响学生,培养出德才兼备之人。(乐山市县街小学　徐芳)

带队教师寄语:初见你时,你如一块璞玉,虽待雕琢,但在每次发言、每个任务中,我都看到了你积极担当的闪光点。相处越久,越发现你是如此勇敢!有差距时,你苦练技艺,最终一举反超;有优势时,你不骄不躁,脚踏实地地前行,让同辈望尘莫及;有希望时,你不惧艰难,让零星的希望变成了闪亮的现实。我衷心地希望你,用努力、积极、勇敢的态度在未来绽放更耀眼的光彩!(乐山师范学院教育科学学院　王春燕)

以爱之名，浇灌心灵之花

◎教育科学学院　余玲玲

  时光匆匆的脚步，更迭着四季的风景。随着岁月的流逝，为期半学年的实习生活即将收官。这一段旅程承载着实习生活的点滴；重温儿时求学之旅，耳畔传来那熟悉的唐诗宋词。一帧帧、一幕幕的实习生活难以忘怀。是她，教会了我如何教学；同样是她，教会了我如何做好家校沟通；是他们，让我知道如何在教学中更有耐心地指导。我们从面面相觑、默默无言到嘘寒问暖，再到形影不离，共同进步和成长的日子终将化成我从教之旅最宝贵的财富！我将不忘教育初心，砥砺前行，耕耘教育沃土！

  转瞬即逝的教育实习告一段落，这次实习收获和感悟颇多：第一次真正意义上地站上讲台，第一次面对真实的学生，第一次以老师的角色投入教育中。接下来我就谈谈自己的收获与感悟。

克服障碍，适应实习工作

  为了更快地去学校实习，我申请了自主实习，很快我就来到了我们当地的学校进行实习。刚开始我是不适应的，因为整个学校就我一个实习生，一个分享交流的人都没有，但通过一天天忙碌地工作，我逐渐适应了实习工作，也能够与指导老师进一步沟通交流。

小小举动，温暖心田

  从小我就是一个不善交际的人，当我第一天去实习学校的时候，根本不知道自己应该干什么，也不知道如何与办公室老师沟通。所以刚开始我就独自一人在办公室里待着，如果指导老师给我安排工作，我就尽力做到最好。特别有幸，我遇到了一位有爱的班主任老师。她很关心我，跟我聊天时，总是笑容满面，一个个小小的举动，让我觉得她是一个特别和善、有内涵的执教者和生活导师。中午不回家的老师会去教师食堂就餐，当时我不知道就餐的地方，班主任老师就带我去吃饭，让我心里暖暖的。其实这位班主任老师并非我的指导老师，我实习的是数学学科，而她是教语文的，她总是细致入微，春风化雨般温暖我孤独的心田。在去吃饭的路上，她总会笑呵呵地跟我分享学校的趣事，跟我交流班上学生的情况，也会主动跟我分享管理一个班级的方法和技巧，让我觉得那么亲切、那么温暖。

点拨迷津，问津求道

我刚开始实习时有点不适应，每天起得早，睡得晚。有段时间自己的身体还出现了问题，晚上睡眠质量不好，白天精神不好。班主任老师知道后会给我发微信关心我的身体，让我照顾好自己；她会跟我分享释放压力的方法，让我不那么紧张；在办公室，她也会经常带一些水果与我分享，让我倍感温暖。平时如果下课比较晚了，她会带着我去吃一点好吃的东西，犒劳一下自己；还会介绍我去听优秀老师的课，在听课之后，跟我交流教学经验。刚开始时，因为本班跟其他班级教学进度有点差距，所以指导老师没有给我课程让我锻炼，班主任老师因为课比较多一点，会留一些课让我去上。在上课之前，她会让我做好准备，跟我分享在课上提问、抽学生回答问题等技巧，给了我许多建议。我真的特别感谢有这样一位如妈妈一样的老师，让我没有感受到压力，我应该向她学习，努力向她看齐。

学生之难症，教学之困惑

在大学课堂中，我们常常会讨论如何去教学，在之前见习的实践活动中，我们也会开见习交流总结会，每个学生都会根据自己的所见所闻谈自己的看法。我一直都觉得只要跟学生进行心与心的交流，那么学生就一定能懂得老师的良苦用心。在刚开学的时候，我每天都会坐在教室最后面听课，在课间，我

第四章 深耕静耘

会用自己的方法辅导班上的后进生。我从一开始就认真辅导班上的一位男同学和一位女同学，在平时的课堂作业和家庭作业中，我会特别关注他们的作业质量，当他们有不理解的题时，我会及时给他们讲解。在辅导他们作业的时候，我发现他们对之前学的基础知识掌握得不够扎实，于是把自己学习数学的方法分享给他们，让他们自己准备一个数学笔记本，专门用来记录数学相关公式，因为很多数学问题都涉及寻找数量关系，而他们有时候即便找到了数量关系，也不知道如何列算式，不知道各种单位之间的换算公式，因此，我让他们把一个个小的数学知识点写在笔记本上。刚开始一两天，他们会坚持这个好习惯，但当我不问的时候，他们就不会去做这个事情，当我后面再去问他们的时候，他们早已忘记了这件事，由此也可以看出小学生学习的自觉性是有欠缺的。到后面，我们彼此之间更加熟悉，他们慢慢地有那么一点"得寸进尺"：我上课的时候，他们不听讲；我找他们两个回答问题的时候，他们也不会回答我的问题。

有一次，我出于好奇问了他们一个问题：你们两个想要我这样管着吗？女生的回答我到现在都记得："你想要管我就管我，不想管我就算了。"男生就支支吾吾说不明白，其实我能感受到他并不是很喜欢我这样管着他们。他们两个的反应，让我觉得有一些心寒，我以为认真付出了学生就会感恩，可是现实并不是这样。在学生的心里，可能会认为老师这样管着他们是对他们的一种束缚，反而会让他们觉得不自在。这导致我有时候会自我怀疑：是不是我的教育方式不对，我是不是应该对他们温柔一点，做一个学生喜欢的老师。可是当我对他们不管不顾的时候，他们的作业完成情况总是特别糟糕，明显是在敷衍了事地应对作业。对于有些学生来说，真的需要每时每刻监督着，但凡老师有一点松懈，他们就会懈怠。

刚开始我是热情洋溢的，喜欢这个职业，想要让每个学生都有所收获，都有所成长，所以我会耐心地辅导一些基础薄弱的学生，想让班上的学生都取得好成绩，也会主动去询问一些学生对新讲授的课程有没有理解。五年级上册第一单元是小数乘法，对大部分学生来说，小数乘法是一个比较简单的知识点，只要弄懂了整数乘法，小数乘法就不是很难。可是班上有几个学生，我感觉他们的数学水平还停留在三年级。数学学科是前后联系的，如果以前的知识不够扎实，那么后面学起来就会很费劲儿，这几个学困生完全没弄懂之前的知识，所以老师讲新课的时候，他们自然听不懂。

寻根求源

我想要去改变些什么，希望这几个学困生能够进步一点。在辅导的过程中，我发现其实他们的智商不存在问题，只是他们的反应有点慢，跟不上老师的上课节奏，所以从一年级开始，他们就未能牢牢地掌握有些数学知识。我也能明显感受到他们的迁移能力非常薄弱，他们往往不能把一个已经学过的数学知识点迁移到具体的题型中，导致他们难以完成老师布置的作业。长期无法完成作业，他们就会产生畏难情绪，更加不想做作业。我开始出一些简单的题让他们做，刚开始几天他们还会认真完成，但一旦我因为其他事情忘记辅导他们作业的时候，他们就懒散下来，只等老师来监督完成。可是人的精力是有限的，我每天都有很多其他工作，渐渐地也就忽视了他们。但实际上所谓的学困生并不是智力有问题，而是他们从小就没有养成好的学习习惯。对小学生来说，学习习惯是非常重要的，如果学习习惯差，成绩就很难提升。在以后的教学中，遇到类似的情况，我该怎么办？一个老师要管一个班级的学生，还要每天备课、批改作业等，还有时间去管这些学困生吗？对于学困生，并不是老师主动放弃他们，而是各种客观原因让老师被迫忽视了这部分学生。

在大学期间我读过很多教育类的书，也看过一些名师的教学视频，我一直都觉得老师应该对学生温柔一点，多给学生一点时间，学生总会有所收获。可是当我真正来到教学一线的时候，才真正明白实践与书本存在差距，实际上有部分学生，只要老师温柔一点，他们就会觉得老师"好欺负"，上课的时候会完全不听老师的。刚开始我并没有关注到这些，直到有一次评讲习题，学生好像都在跟着我的节奏回答着问题，可是当我把他们的作业收起来检查时，才发现大部分学生根本没有订正。让我不禁自我怀疑，难道是因为我讲得太枯燥了，他们不想听，还是说他们都已经全部学会了，不需要老师去讲。直到我私下问一些学生，他们才告诉我，因为他们根本不怕我，就算作业做错了或者做不出来他们也不会主动修改。因为小学生贪玩，他们觉得上我的课特别轻松，所以很大一部分学生都喜欢我去上课，刚开始我以为学生是真的喜欢我，事实却是我没有其他老师严厉。在知道这个情况后，我调整了自己的上课方式，讲作业的时候，我会在教室走动看看学生是否改正，对于没有改正的同学，我会给予一些小小的惩罚。下课之后我会再次检查他们是否改正了错误，对于没有改正的我会罚他们抄题以示惩戒。这次经历让我明白了教学应该做到严慈相济，教学相长。

各有所长，因材施教

在学习教育理论的时候，我们经常都会听到"因材施教"这个词，刚开始我对它的理解就是对待不同的学生，老师应该用不同的教学方法。"因材施教"就是针对学习的人的能力、性格、志趣等具体情况施行不同的教育。我曾经认为"因材施教"只是纸上谈兵，因为班上有那么多学生，怎么可能做到对每位学生因材施教呢？可是当我真正参与到一线教学的时候，我发现每位老师都在不同程度地践行因材施教理念，因为班上每位学生的接受能力不一样，我们应该关注到每一位学生。

我在实习过程中，一共进行了五次个别教育的经历，让我更加明白因材施教是非常有必要的。我刚进入学校的时候，每天都在辅导个别同学；当指导老师在上新课的时候，我会做好相关记录，学习她是如何突破重难点，进行新课讲授的；在老师讲完新课后，都会安排对应的练习，这个时候我会在教室走动，看看学生是否真正掌握了新学的知识，对于大部分学生来说，他们能够理解本堂课的新知识，能够完成课堂练习。可是我也发现一些基础不好的学生，可能从第一节数学课开始，就没有跟上老师的步伐。刚开始讲的是小数乘整数的计算方法，这对大部分学生来说并不是很难的问题，只要会整数乘法，小数乘法并没有什么困难。可有几位学生，却始终没有明白其中的道理，课后我单独辅导了他们，每一步怎么算，我都会耐心地再次教导他们。在课后辅导的时候，我发现其实他们并不是完全不会，只是反应有点慢，在课堂上，老师没法把速度放慢，因为要完成授课任务，所以就只能照顾绝大多数的学生。这对于接受速度较慢的学生来说，学习就会比较困难。其实很多学困生并不是智力有问题，只是因为他们接受新知的速度比其他人慢，而老师又不能做到时时刻刻关注这部分学生，导致他们数学知识落下很多。数学是一个前后联系的学科，一个知识点没有搞懂，后面学的也就搞不懂。学生或多或少都有点畏难心理，于是成绩就会与其他人拉开差距。

这学期我辅导的五位学生，在计算方面是没有多大问题的，一旦发现他们计算有错误，我就会及时让他们找出错误并加以改正。通过不断反复练习，他们在计算方面进步了很多，在考试的时候，计算题能够拿到的分数也逐渐增多。这也是我比较欣慰的地方，觉得自己的付出没有白费，他们哪怕只有一小点进步，对我来说也是一种成功。在对他们进行个别辅导的时候，我发现这些学困生都有一个特点——特别怕老师。他们总是畏畏缩缩的，胆子特别小，每次我问他们有没有不会的题，他们总是吞吞吐吐，让人特别着急。但是我也能理解这部分学生，他们可能从小就被老师忽略，而当老师特别关注他的时候，自然会不适应。

通过这些体验和经历，我更加明白，当我正式成为一名教师的时候，不应该忽视这一部分学生，而应该因材施教，找到适合每位学生学习的方法，发现他们身上的长处和闪光点，不全以成绩作为标准来评定他们是否是一名好学生，要用发展的眼光看待每一位学生。成绩并不能代表一切，小学只是他们学习生涯的一小部分，我们不能一开始就否定他们。部分学生升学之后，说不定成绩会慢慢提升，最终获得好成绩。

勤能补拙，终身学习

虽然我从小的梦想就是成为一名教师，站在讲台上为学生传授博大精深的中华文化。但我确实从来没有想过会成为一名小学教师，因为我不知道如何去给一个不懂事的孩子讲懂一个知识点，也不知道如何与小学生沟通。当我知道自己被小学教育专业录取时，我还特别不想学习这个专业，可是大学课程的学习中，我热爱上了这个专业，并且立志成为一名优秀的小学教师。经过三年的学习，我越来越明白，小学教师在学生的学习中起着奠基性的重要作用。

我刚进大学时会对某些小学数学题感到棘手，这让我不免担心自己是否能够胜任小学数学教师的岗位。我怕自己不能给学生讲懂题目，不能让学生明白我要表达的东西；我也怕自己教不好学生，耽误了学生。所以在大学期间，为了不让自己退步，我会买许多小学数学题来做，我也会时常思考应该怎么讲解一道题，让学生更容易理解和掌握。

在实习的时候，课前我都会进行无数次演练。如果是上新课，我会在课前看各种教学参考、本堂课的重难点，精心设计教学流程，争取能让学生感受到数学课的乐趣；如果是讲作业，我会事先做好每道题，这样才能在讲题时言之有物。

在实习过程中，我也遇到过自己不会做的题，我就给学生时间让他们先自己思考，然后自己在网上搜索解法，再为学生讲解。当时我站在讲台上觉得很尴尬，因为自己不能得心应手地应对学生。课后我又重新做了一遍这道题，让自己的印象更加深刻。

他山之石，可以攻玉

每一次去听不同老师的课，我都能学到很多东西，同一道题目可能有不同的做法。作为一名数学教师，我深刻体会到了光靠教材上的知识是远远不够的，因为教材上的知识非常基础，但考试题却更加深入。作为一名数学教师，一定得要抓住每个知识点的考点，这样才能帮助学生更轻松地取得优异成绩。在实习的过程中，我深刻体会到了这个道理。我记得在多边形面积这个单元中，有一个关于梯形的题型，在教材中是求类似于梯形的钢管一共有多少根，一共有三种解法，有一种比较简单的解法是用梯形的面积公式去求解总数，这对学生来说并不是很难。可是在练习题中，却是告知最底层和最顶层的根数，要求计算总数。一样都是求总数，可是在练习题中，却没有告诉层数，而是让学生根据最底层和最顶层的差距，先求出层数，再求总数。如果没有指导老师讲解，我都不知道这个题还可以这样做。如果我事先不知道这个题的考点，直接按照教材的方法去讲解，那么学生在做练习题时就会出现问题。这也警示了我，在将来的教学中，一定要在课前做好充分的准备，数学教学并不是仅仅教会学生做题就行了，还要让学生明白其中的道理并且能把数学运用到日常生活中，用数学解决生活中的问题，这才是教育更深层的意义。

在实习过程中，我认识到数学教学的核心是教会学生思考、教会学生灵活运用思维、拓宽学生思维渠道等；数学学习不能局限于书本上的知识点，一定要让学生尝试不同的题型，帮助他们找到数学学习的兴趣，才能让学生体会到数学学习的乐趣，从而真正地去学习数学。从这一件件小事中，我明白了一名教师一定要活到老学到老，我们在学校学到的知识还不能让我们得心应手地站在讲台上，所以我要不断地学习，不断地丰富自己，才能跟上时代的步伐，不被时代淘汰。在这样一个互联网高速发展的时期，我们每个人都需要不断地学习，不断适应这个社会的变化，这样才能对得起学生对我们的信任，更好地应对工作中遇到的问题。

实习之我见

首先，我深感知识、学问浩如烟海，仅懂得书本上的知识是远远不够的。上好一堂课要求我们能够旁征博引，因为学生的问题可能涉及一些书本之外的知识，所以教师的知识面一定要广。

其次，我深刻地体会到，要想成为一名优秀的教师，不仅要学识渊博，还要在语言表达方式、心理状态以及动作神态等方面做好。上完一节课后，我最大的感受是：当好一名教师真不容易啊！在以后的教育生涯中，我将更加努力地完善自己，争取做一名优秀的人民教师。

这短暂而又漫长的两个月，让我清楚地懂得：教师的职责不仅仅是教书，更重要的是育人。教师的一言一行使我想到了传统医学中"望、闻、问、切"四诊法。于是，我总结出四点：细心"望"其表，耐心"闻"其声，真心"问"其想，准确"切"其脉。学生需要爱心，教师要把自己当成活动中的一员，是学生活动的组织者、参与者、引导者，是学生的学习伙伴、知心朋友。一次次真心实意的交谈，一句句亲切入微的话语，一份份暖意融融的爱护，会让学生对教师产生亲近感与信任感。

通过这次实习，我的教学实践技能得到明显提高。我第一次发现自己真的长大了，不是一名学生，而是一名"准教师"；第一次发现自己的言行举止会给学生带来那样大的影响。也许，随着岁月的流逝，我会淡忘他们的面孔，但这种美好难忘的师生之情将永驻我心。在这段时光中，我付出了很多，但得到学到的更多，不管将来我是否成为一名教师，这些都使我终身受用。

指导教师寄语：这篇文章朴实无华，但是一个个小故事却能够打动人心。在实习中，你在我眼里一直是一个肯干踏实的学生，每天总是早早到办公室给老师打水，办公室哪位老师需要帮助，你总是热情帮助。这一件件小事，让办公室的老师都对你称赞有加，这同时也是我的骄傲，因为你是我的学生。我一直都把你看成是我的女儿，因为我的女儿跟你年龄相仿，有一天她也会到工作岗位实习，所以我总是以妈妈的身份去教导你，给你讲一些关于如何教学的事儿。你也是一个好学的学生，每天总是帮我干很多事情，这一学期，有你的帮助我轻松了很多。后面你也要去到工作岗位，我希望你能依然保持这颗向学的心，在教学中做一名心中有爱、眼中有学生的教师。亦师亦友，在今后的教学

中，我们可以一起探讨教学。（南坝镇第一中心小学　石玉洁）

带队教师寄语：我很高兴你能够保持一颗积极向上的心态。在支教的旅程中，你克服了许多困难。相信自己的能力和潜力，相信你所做的一切都是有意义的。在与学生的交流和互动中，你尊重他们的个性和特点，尊重他们的家庭和背景，做到了真正的尊重，建立起了与他们之间的信任和友谊。这是一个让你们成长、学习和改变的机会，也是一个让你感受到爱与被爱的机会。无论遇到什么困难和挑战，都要坚持下去，因为你的付出将会改变自己的命运，也将会改变他人的人生。祝愿你在支教的特殊旅程中，收获满满，成为更好的自己！（乐山师范学院音乐学院　罗智勇）

用满腔热情，耕耘半亩方塘

◎文学与新闻学院　颜邦迪

学高为师，身正为范。从选择师范专业的那一刻起，我便一直在朝着成为一名优秀人民教师的目标奋斗。语文作为一门人文学科，在教学中融入德育教育是历史所需，时代所求。教育实习带给我最大的感悟便是教学与育人同等重要。通过教育实习，我的教育教学能力得到了显著提升。这段教育实习经历注定不一般，相逢是缘，相识是福，感谢在草堂的遇见。我将以此为基石，努力成为一名学生喜爱、家长认可的人民教师。

古往今来，教育的问题一直是关乎国计民生的问题。"少年智则国智，少年富则国富，少年强则国强。"[1] 青少年是祖国的未来，肩负着中华民族伟大复兴的历史重任。如何培养下一代，培养怎样的下一代是社会长期探讨的话题。毫无疑问，教师在培养人的过程中有着不可或缺的地位。教师是学生的引路人，智慧的师爱永远是教育广深的根基，有了这样的根基，学生攀登起来才会身轻步健，才会凌绝顶而览众山。

教育梦之萌芽

回想高中时期，那时自己还是个懵懂无知的少年。高中时期给了我很多美好的回忆，但学习上也遇到了一些挫折：作为一个文科生，数学一直是我"难以启齿"的痛，幸而高中数学老师从未放弃过我。都说兴趣是最好的老师，数学老师寓教于乐的教学模式极大激发了我对数学的兴趣，让我坚持了下去，可以说她是我中学学习生涯中最感谢的人。她的教育理念深刻地影响着我，也正

---

[1] 梁启超：《少年中国说》，中国画报出版社，2015年，第7页。

是因为她，我更加坚定了成为一名优秀教师的理想信念。

教学技能之强化

作为一名师范生，教育实习是我们的必修课。大三的时候，我便一直期待着教育实习的到来。为了锻炼自己的师范技能，从大一开始我便在校外担任寒暑假代课老师。在这里要诚挚感谢我的试讲指导老师——周镭老师，她是夹江中学的优秀教师，至今我仍然清晰地记得她指导我们的全过程。为了有更多的时间来指导我们，周镭老师常常牺牲自己的休息时间。我们小组一共十人，她指导一个人就是一个下午，这让我们很感动，同时也发自内心地感谢她。她会认真倾听小组每一位同学的试讲课，并对每一位同学的试讲提出有针对性的改进建议。印象最深的便是她对我们讲课常用口头禅的问题进行了纠正。周老师的指导让我受益匪浅，这一个学期的教学试讲更加强化了我的师范技能。

语文教学之我见

做一名教师容易，做一名好教师难，对于语文教师来说更是如此。众所周知，语文这一门学科具有一定特殊性，很多人觉得语文教学容易，但事实上语文教学的难度并不亚于其他学科。中国文化源远流长，博大精深，五千年的华夏文明沉淀的历史文化是很深奥的。说小一点，语文是让学生学会生活，感知生活；说大一点，语文这一学科肩负着传承中华优秀文化的历史重任，同时，语文教师还肩负着育人的使命。新时代的语文教师必须具备良好的综合素质，这不仅仅体现在自身的知识层面，更体现在教学层面和育人层面。

如愿实习终圆梦

暑假期间我就开始规划我的实习安排，对课程教学、作业批改、班主任管理等各方面工作，我都提前做了设想。十月十八日，满怀着期待，我终于来到了实习的学校，对于我的实习学校——草堂高级中学，我并不陌生，大二时我曾到这里进行过教育见习。曾经我对草堂高中的认识仅仅停留在是乐山比较好的公立高中这一印象上。在去实习学校前，我特意查询了一下学校的具体情况：草堂高中虽然校园不大，办学规模不大，但是其办学成果在乐山是名列前茅的。正如刘进校长在草堂高中视察实习工作时所说："虽然'草高'占地面积不大，但草堂高中格局大。"进入草堂高中的第一天，听到学生们的琅琅读书声，我的心情无比激动，仿佛自己又回到了高中时期。挂上实习生牌的那一刻，我深刻地感受到了自己身份的转变，曾经是台下的"观众"，如今却要成为台上的"主角"。说实在的，在刚进入草堂高中那一刻，我是有一丝胆怯的，担心自己的知识储备不够，担心自己教学能力不足。虽然有许多担忧，但我还是毅然决然地走进了班级，走上了属于我的三尺讲台。

三生有幸遇良师

缘分的确是个很奇妙的东西，我和龚老师的相遇与其说是缘分，不如说是我的幸运。很幸运能成为龚老师的实习学生，龚老师在我大二去草堂高中见习时给我们上过一次公开课，她当时讲授鲁迅先生《祝福》一文的课堂画面，时隔一年仍让我记忆犹新。清楚地记得在她上完《祝福》后，我们回到学校，见习带队老师还组织我们对其课堂进行点评分析，同学们都对龚老师的教学设计称赞不已。的确，一堂课的好坏真的能够从其教学设计中体现出来。可有时候我们教学设计的初衷是很好的，而在课堂中实施起来的效果并不是那么理想。因此教学必须要结合实际情况进行，通过学习观摩优秀教师的课堂教学，挖掘他们教学方面的优点，学以致用。

龚老师的教学模式是我很欣赏的，龚老师只带了高一（4）班一个班级。班主任指导老师熊老师给我安排了一张书桌，就在龚老师办公桌的背后。我在办公室经常能够看到龚老师在网上听其他优秀教师的课，她还把听课软件名字告诉我，叫我也去上面听听优秀名师的课堂。每次听完课之后龚老师都会在课本上进行重点批注，然后自己写备课稿，她会将其他优秀教师的教学设计融入自己的课堂中。龚老师一直告诉我要善于去挖掘优秀的教育资源。的确，如今是个信息化的时代，教师需要与时俱进，随着四川新高考的实施，中学老师更应该打破传统教学模式，开拓新的教学方法。龚老师的备课稿看似不多，但是从文本内容分析、教学构思，到课件制作，都是亲力亲为，而不是直接使用别人的成果。她常常告诫我，借鉴学习其他优秀教师的教学方法时切忌照搬，这一点我很认同,同时我也很佩服龚老师对工作的态度,她真正地将学生放在了心上。

主动听课学方法

站上讲台就要对学生负责,实习的前两周我并未去上新课,因为针对新课知识的教授对刚来实习的我来说还有些困难。因此前两周我只是进行教学观摩,我把高一年级所有语文老师的课堂都听了一遍,甚至还去听了三位高二语文老师的课,每个老师都有其特有的教学方式,让我受益匪浅。就拿李清照的《声声慢》来说:有的老师通过重点分析意象来带领学生感知人物形象;有的老师则在分析意象的同时培养学生诵读能力,通过意象加诵读使学生更深入地了解诗词的主题。每个老师的课堂活动设计也各不相同,形式多样,曾经的我认为听不同老师讲授同一篇课文会很乏味,但是通过这次实习,我真切地感受到同课异构的奇妙。进行同课异构的观摩学习对还未出师的我来说真的很有帮助,我可以通过一篇课文学习到不同教师的教学模式,将一些好的教学方法学以致用。

学生热情助信心

实习的前两周虽然我并没上过新课,但是我每天早上坚持准时到教室监督学生早读。我所实习的班级是高一(4)班,每天早上一进教室就看见学生自觉地在课代表的带领下进行早读。第一次和他们见面时,我提前做了一个简短的自我介绍视频,他们看短视频时的那份激动和发自内心的热情真正地感动了我,从那时起我就坚定了要热情对待每一个学生的信念。

成语听写促反思

实习第二周的周五早上,我同往日一样来到教室监督学生早读,这天的早读可以说是我实习的第一堂课,不是说它是由我组织的,而是这一次早读让我感触很深,与其说它是我实习的第一堂课,不如说是实习给我上的第一堂课。

语文的早读安排在每周一、三、五,龚老师当时安排学生记忆高中必背成语，周一和周三的早读我就监督他们记忆成语，有的学生觉得部分成语很难记住，我在早自习上就教给他们一些成语记忆要领。为了确认他们是否真的记住，我在周二时便和学生说周五早上听写成语，还强调说错太多是要罚抄的，后面的两天我也时常提醒学生要利用课余时间记忆成语，但我能感受到学生的不屑。所以周五早上的成语听写我并没有抱太大希望，我正常组织听写了成语，听写完，收集好听写本，在下楼的过程中我内心还是忐忑的，心情也很复杂，心里想：何必呢？自己搬起石头砸自己脚，明知道学生不在乎这次听写，明知道听写的结果会差强人意，还去做这件事打击自己。但是内心烦躁归烦躁，听写了就要批改。回到办公室，我便拿着红笔批改，结果却让我很感动——班上有四分之一的学生做到了全对，班上后排最调皮的那个男生也做对了三分之二。回到班级，当我走到那个男生旁边时，他一直看着我，或许以为我要叫他罚抄，他对我说："颜老师，这次有几个成语字写错了，下次我一定争取全对。"那一刻真的触动了我。我并没有对他们进行罚抄，因为我知道高中的学科多，他们作业任务重。

每个教师都更偏爱成绩优秀的学生，但是其实后进生更需要关注和鼓励。学生有其个体差异，作为教师要公平地对待每一位学生，要有发现每一位学生闪光点的眼睛。针对不同的学生因材施教，是我们应该做到，也必须做到的。这一次的成语听写真的让我明白了教学的真正含义和教育的真正意义。新时代的教学理念倡导的是引导学生学会如何学习；育人的关键在于引导学生如何做，而不是威逼利诱地去要求学生必须做。通过对学生的了解，我能够感受到他们都有一颗求知的心，都想要成为老师眼中的"好学生"。有的学生可能学习成绩不够优秀，但在其他方面表现得很出色，正如班上后排的男生，他成绩不理想但擅长体育，如今他已经开始进行系统化的体育训练，我相信他以后也能考上一个自己理想的大学。学习是一个漫长的过程，且充满荆棘，不能因为学生的一两次失败就否定学生，因为你也不知道学生以后的样子，未来一切皆有可能。作为教师，我们应该做到平等对待每一位学生。正如草堂高中乔科文老师所说："成为一名好老师最关键的是'爱生'"。

授课过程之成长

学生的才华需要教师去发现，我第一次在上公开课时，无形中挖掘出了我们班一位优秀的"男低音"朗诵选手。这次公开课对我个人而言是比较重要的，不仅因为有不少教师要来听课，还因为我准备对这次课堂进行视频录像以便存档保留。因此我在上课前几天就让学生提前预习，龚老师也提醒他们要好好预习。这次我上课的内容是苏轼的《念奴娇·赤壁怀古》，大家都知道苏轼是豪放派的代表词人，宋代词人中我尤其偏爱苏轼，不仅因为他词作水平高，更因为他那豪迈、不羁、豁达的人生态度。这是苏轼的代表作之一，尤其是上阕描绘的壮景，令人不由得称赞。针对该词内容的特殊性，我选择使用朗读教学法。这样设计的意图是让学生通过朗诵，感受词作描绘的壮景，进而分析苏轼的人物形象。因为课堂时间有限，我预设的是抽一名女同学和一名男同学分别进行朗诵，在学生朗诵完后我再进行示范朗读。首先抽的是一名女同学，在其朗诵结束后我对其进行了点评，该学生的节奏在我引导下控制得很好，但是气势不够，于是我满怀着期待看着班上的男同学们，一眼就看到了坐在倒数第二排角落里的男生，他跃跃欲试。我能够看出他期待的眼神，于是我抽他起来朗诵。这名学生平时感觉性格比较内向，这一次朗诵让我重新认识了他，他朗诵的第一句就把我吸引住了。给我录像的老师也将摄像头对准那个男生，他低沉的嗓音让人听得如痴如醉，朗诵结束后我不由自主地给他鼓起了掌。

通过这次公开课，我更加明白了发现学生闪光点的重要性，每个学生都想得到老师的鼓励和称赞。下课后，我单独和这位学生聊了一会，他说他平时就比较喜欢朗诵，很喜欢外国文学诗歌，他会用声音将自己喜欢的诗歌记录下来。他甚至主动和我聊起了海子的诗歌，我们相谈甚欢。他告诉我他会抽空把他朗诵的诗歌录音发给我，请我给他指导。我承诺他，以后只要发给我录音，我就会请我专业的朋友为他进行点评指导。他听到我这样说后很是激动，又把他的笔记本给我看，我翻开他的笔记本，那一行行笔记深深地触动了我。作为语文老师，我为他的勤奋"点赞"；作为文学爱好者，我发自内心地为他的才华点赞。没想到一名刚上高中的学生对文学那么痴迷。后面的"一二·五"朗诵节目中，我直接推荐他作为班级的领诵人员，让我没想到的是，龚老师早就发现了他的过人之处，并且也很认可我的意见。我很遗憾没有成为陪伴他三年的语文老师，高一即将面临分科选班，可能他的语文老师不再是龚老师，但我相信是金子总会发光，这样一个热爱文学的学生，我相信没有哪个语文老师会对其视而不见。

班级管理新模式

在草堂高中，除了进行语文教学的实习，我的另一个重要任务是进行班主任管理工作的实习。对于一名预备人民教师而言，学习班主任管理工作和教学工作同等重要。班级是学校教育、教学工作最基层的组织单位，而班主任则是这个单位的领导者、组织者和管理者，如今倡导的教学模式是家校合一的教学模式。班主任是连接家庭和学校的纽带，一个好的班集体离不开一名优秀的班主任。熊老师是四班的班主任，刚来草堂的第一天，熊老师便和我聊了四班的具体情况。熊老师给我的第一印象是很严肃，但实际上特别友善，对待工作非常认真负责，一直将学生放在第一位。

熊老师是一名化学老师，她在办公室话不多，但是对待班级事务从不含糊。熊老师每天早上七点多就到学校了，中午都是在学校就餐，然后在办公室午睡。看到她办公桌下的床椅时我深受触动，为了陪伴学生，她每天中午在办公室午睡，可想而知她把学生看得多么重要。一天中午，我问熊老师当班主任累吗？她笑着跟我说班主任真的不容易，不仅要和其他科任老师一样备课上课，还要管理自己班里的日常事务。小到早晚自习监督，大到各种学校活动，都要班主任亲力亲为。熊老师还和我说班主任适合年轻人做，年轻人更有精力。的确，班主任工作看似简单但做好并不容易，班主任不仅要管理班级日常事务，还要关注班上每一名学生的学习生活，做好后勤保障工作，做好与家长的联系工作。

曾经我觉得班主任工作只要管理好自己所带班级，做好与家长的沟通，为学生做好后勤保障就行。事实上远远不够，通过这个学期的实习，我深切体会到了班主任工作的不易。班主任经常在学生身边晃悠，学生或许会感觉厌烦，但是这是班主任关爱自己学生的表现。班主任的工作繁杂，正如乔老师所言："能做好教学工作只能说是合格老师，既能做好教学工作又能做好班级管理工作的老师才是真正的优秀老师。"

在草堂高中短暂的三个月班主任实习经历让我受益颇多，熊老师对待工作的热情值得我学习。

第四章　深耕静耘

育人方式新思考

  我一直主张教师要平等地对待每一个学生，对于后进生以及所谓的艺体生不要区别对待，班主任是和学生待在一起时间最长的教师，更是要重视这一点。班上后排那个男生是个体训生，他是班上入学考试成绩最差的学生，但熊老师对他的学习并没有放弃。有一天早上，熊老师可能心情不是很好，来到教室时表情十分严肃，当她走到那个男生旁边时，男生微笑着让熊老师开心点，笑一笑。熊老师忍不住微笑了，我在教室门口目睹了这一切，我想最好的师生关系便是如此吧。还有一次临近朗诵比赛，比赛的选乐、排练都是我在组织。那天熊老师提前给学生说大课间不要离开教室，我们进行适度排练，但是领诵的一个男生不知道为何，下课后离开教室去了二楼。因为领诵缺一个，所以第一遍的排练并不完整。在第二遍开始时这个男生终于回来了，此时熊老师非常生气，说要把领诵换了，因为我知道熊老师说的气话，课代表问我要换领诵怎么办时，我微笑着回答"没事"。果不其然，熊老师并未将其换下。

  在已明确的问题上班主任一定要赏罚分明，这名男生无视班主任的告知，擅自离开教室，因此熊老师在班上撂下一句狠话：换领诵！之前我还只单纯认为他是惩罚这个学生，让学生明白要懂得规矩意识。但现在想，这样做可谓是一箭双雕：不仅教育了这位男同学，让他意识到错误，以后不敢再犯；同时也以此事为典型，教育班上的其他学生引以为戒。这名男生课下也很积极地承认了错误，表明自己不想放弃这次领诵的机会。第二天熊老师当着全班的面，又给了这位学生一次机会。熊老师让我明白了，在日常教育和管理中，应该把学生看成幼苗，怀着"孺子可教"的信念教诲每一个学生，但是也要注意赏罚分明，不能过度放纵学生，要让学生自觉树立规矩意识。教师在树立威信的同时，要去倾听每位学生的心声，尊重学生、理解学生，使师生关系更加融洽。

实习收获助梦想

  短短的三个月实习，让我学到了很多，同时也让我成长了许多。无论是龚老师还是熊老师，都是我心目中值得尊敬、值得学习的优秀前辈。龚老师在语文教学方面让我学到了很多，2025 年是四川实行新高考的第一年，新课标、新教材、新高考如今是老师们经常探讨的话题。由于新高考的实施，教师需要适当调整自己的教学策略。正如龚老师所说："新教材和新课标对于老教师来说，也要用心钻研。"龚老师给我分享了她的研究心得，例如如今高中语文所倡导的大单元教学法，以及整本书阅读等。大学期间我也在研究新高考，新高考对于教师来说是一个机遇，同样也是一个挑战。机遇之处在于，新高考能够促进教师的教学创新；挑战之处在于，新的高考模式对于教师来说也是陌生的，要去慢慢适应。龚老师还送给我一句让我印象深刻的话，她说："如今是信息化的时代，网络教学资源十分丰富，教师在知识层面的缺乏是可以弥补的，只要有一颗不断学习的心，我们更应该思考的是如何去教学和育人。"我很认可龚老师的这句话。师范生的本质要求就是要做好学生的榜样示范，教学育人需要同时进行，素质化教学更应如此。

熊老师教给我更多的是如何管理班级，简言之，就是如何去"处事"，这里所说的"处事"，并非简单指处理平常事务，班主任工作的"处事"不仅是要处理好自己的班级常规事务，还要处理好与领导、家长、同事和学生之间的关系，班主任在学校里担任的角色是重要而不可取代的。班主任的工作繁杂，但我从熊老师的身上看到更多的是快乐，这或许就是一个人真正热爱这份职业的效果吧。看到熊老师，就仿佛看到了曾经的班主任，心中更多的是对班主任的感谢。这一刻我才明白班主任工作的热心与"无奈"，班主任也不想天天监督着学生，这一切都是为了学生的发展。"一切以学生为中心，一切为了学生"，这是我班主任实习工作最大的感悟。我也即将步入职场，也要面临班主任所要处理的这些事，我深知自己的能力还不够，我会继续去学习优秀班主任的管理方法，期待自己以后能成为学生心目中理想的班主任。

实习经历终难忘

本学期的教育实习经历将是我一辈子难以忘却的记忆。当和学生做告别讲话时我哽咽了，跟学生几个月的相处，让我明白了很多道理，也让我更加清晰地认识到了耐心、细心与爱心的重要性。教师是学生人生道路上的引路人，必须将这三心贯彻到底。正如龚老师所说："作为教师，我们在教学的过程中还应重视育人，教学过程融入德育教育是历史所需，时代所求。"

相逢是缘，相识是福。有幸能够成为熊老师和龚老师的学生，一日为师，终身受教。这段实习经历注定不一般，我即将成为一名中学语文老师，这学期的实习所得也将被践行在我的教育事业里。在以后的教学过程中我也会不忘初心，不断探索新的教育教学方式。

教育热情露锋芒

云南华坪女高张桂梅校长的事迹传遍了中国的大江南北。"烂漫的山花中，我们发现你。自然击你以风雪，你报之以歌唱。命运置你于危崖，你馈人间以芬芳。不惧碾作尘埃，无意苦争春，以怒放的生命，向世界表达倔强。"[①] 这是感动中国人物组委会为张桂梅校长撰写的颁奖词。通过颁奖词我们能感受到张校长的伟大，瘦弱的身躯开辟了大山孩子通往世界的大门。我相信在中国的各个地方，还有无数个像张校长一样默默付出的人民教师，他们用热情教学，将自己的一生奉献给教育事业。教育实习更加激发了我心中的教育热情，我将以此为基石，用我的满腔热情，耕耘我爱的半亩方塘。

指导教师寄语：短短的几个月教育实习，老师看到了你的付出，见证了你的成长。还记得你刚来草堂高中时略带羞涩，你给老师的第一印象就是很乖、很踏实，事实证明老师并未看错。教育的本质是一棵树摇动另一棵树，一朵云推动着另一朵云，一个灵魂唤醒另一个灵魂。老师在你的身上看到了你对学生的耐心、细心及爱心，在与你沟通交流中老师也发现了你的过人之处，你有自己的教学理念和教学思路，善于将优秀教师的教育教学方法融入自己的课堂，在老师心中你已经具备了成为一名合格的中学语文教师的能力。老师透过你的文章，看到了你的教育情怀，能够看出你是真的对教育事业充满热情。看到你收获满满，老师为你感到高兴。如今你即将成为一名语文老师，愿你努力当下，未来如诗。（乐山市草堂高级中学　龚文雯）

带队教师寄语：朴实的文字透露出你在教育实习中的脚踏实地。从文章中能够看出你是真正地融入了班级，走进了学生。几千字的文字流露出你对教育的热爱，从你刚到实习学校的忐忑到你灵活运用教育方法机智处理教学问题，老师见证了你的成长。

师者，传道授业解惑也！教师是学生问题疑难的解答者，是学生人生道路

[①] 中央广播电视总台央视新闻：《感动中国 20 年颁奖辞集锦，来了！》，https://news.cctv.com/2022/03/06/ARTI0AfmFEPjr8yPlZ5FbGzr220306.shtml。

的引路人，老师从你的身上看到了青年教师的教学能力与活力。教育实习的初衷便是让你们深入教学一线去提升自身教育教学能力，看到你能在教育实习中收获颇多，老师甚感欣慰。如今你即将成为一名中学语文老师，愿你在新的人生旅途中，不忘初心，不断超越自我，用满腔热情，耕耘好属于你的那半亩方塘。（乐山师范学院马克思主义学院　徐碧英）

后　记

　　本书记录了乐山师范学院2024年师范生在教育实习中的所见、所闻、所感、所悟，这是他们亲身经历的教育故事。透过这些朴实无华的文字，我们能够体会到他们在教育实习中的不懈努力、改革创新和奋斗历程。这是他们的反思总结与自我提升，也为学弟学妹们留下了宝贵的经验，提供了可借鉴的参考和启迪。

　　本书饱含了实习生在教育实习中的"酸甜苦辣"，记录了他们在实习过程中的真情实感，反映了基础教育教学的现实状况，表达了他们对实习学校、指导教师的感激之情。实习生的文章题材新颖，他们的教学方法具有创新性，这些文章包括教育情怀、课堂教学、班级管理、案例分析、实习心得等诸多内容，具有极强的可读性。

　　本书的出版既对高等师范院校师范生的教育情怀、专业素养、教学能力等培养有较强的启迪意义，对教育研究者了解我国基础教育的现实问题具有积极的参考价值，也对即将进行教育实习的准教师及踏入教师岗位的新教师有较强的借鉴意义。

　　本书为四川省教育科研课题"高师院校与基础教育教师教学学术共同体建设"（SCJG22A020）和乐山师范学院教学团队建设项目"基础教育学科教学研究团队"（JXTD-2023-11）的阶段性成果，得到乐山师范学院的大力支持，在此一并表示感谢！

　　感谢实习基地学校的各位领导为实习生提供的机会，感谢指导教师和带队教师给予他们的悉心指导与关爱，让他们从表象的事件中体悟到深刻的道理，从当下的实习中领略到教育的哲理，让他们不断地提升自己的教育理论水平和教学实践能力。

　　感谢乐山师范学院文学与新闻学院李兰、刘春蔓、罗媛三位同学为文稿的审阅与修订所付出的努力。

衷心感谢四川大学出版社对本书的出版给予的热情帮助,尤其对责任编辑叶晗雨老师的指教深表谢意。

编　者

2024 年 6 月